# PREPROSTI MORSKI SADEŽI

100 OKUSNIH IN TRAJNOSTNIH
RECEPTOV ZA MORSKO HRANO

Tjaša Kotnik

## Vse pravice pridržane.

**Zavrnitev odgovornosti**

Informacije v tej e-knjigi naj bi služile kot obsežna zbirka strategij, o katerih je avtor te e-knjige raziskal. Povzetki, strategije, nasveti in triki so samo priporočila avtorja in branje te e-knjige ne zagotavlja, da bodo rezultati natančno odražali rezultate avtorja. Avtor e-knjige se je po svojih najboljših močeh trudil zagotoviti aktualne in točne informacije za bralce e-knjige. Avtor in njegovi sodelavci ne odgovarjajo za morebitne ugotovljene nenamerne napake ali pomanjkljivosti. Gradivo v e-knjigi lahko vključuje informacije tretjih oseb. Gradiva tretjih oseb vključujejo mnenja, ki so jih izrazili njihovi lastniki. Kot tak avtor e-knjige ne prevzema odgovornosti za gradivo ali mnenja tretjih oseb. Bodisi zaradi napredka interneta ali nepredvidenih sprememb v politiki podjetja in smernicah za uredniško oddajo, lahko tisto, kar je v času tega pisanja navedeno kot dejstvo, kasneje postane zastarelo ali neuporabno.

E-knjiga je avtorsko zaščitena © 2024
z vsemi pravicami pridržanimi. Nadaljnja distribucija, kopiranje ali ustvarjanje izpeljanega dela iz te e-knjige v celoti ali delno je nezakonito. Nobenega dela tega poročila ni dovoljeno reproducirati ali ponovno prenašati v kakršni koli

obliki brez izrecnega pisnega in podpisanega dovoljenja avtorja.

# KAZALO VSEBINE

**KAZALO VSEBINE**.................................................................4

**UVOD**.................................................................................8

**JASTOG**............................................................................9

   1. Jastog Thermidor z newburško omako....................10
   2. Maine zvitek jastoga...............................................13
   3. Polnjeni jastog Thermidor.....................................16
   4. Jastog z vanilijo....................................................19

**KOZICA**..........................................................................21

   5. Začinjene kozice na žaru.......................................22
   6. Zeliščna kozica na žaru.........................................25
   7. Škampi en brochette.............................................28
   8. Paketi kozic..........................................................30
   9. Bazilika kozica......................................................32
   10. V slanino ovita kozica na žaru............................34
   11. Škampi na žaru...................................................36
   12. Alabama pečenje s kozicami...............................38
   13. Skoraj paesano s kozicami..................................40
   14. Rižota s fižolom in kozicami...............................42
   15. Pivski pečeni škampi..........................................45
   16. Kuhane zalivske kozice.......................................47
   17. Remoulade omaka..............................................49
   18. Kalifornijski škampi...........................................51
   19. Šampanjec, kozice in testenine...........................53
   20. Kokosova kozica z želejem Jalapeño...................56
   21. kokosova tempura kozica....................................58
   22. Korneti s kozicami in origanom..........................61
   23. Kremni pesto kozice...........................................64

24. Delta kozica................................................................66
25. Kremna kozica............................................................68
26. Kanuji z jajčevci..........................................................70
27. Česnova kozica...........................................................73
28. Marinirane kozice na žaru..........................................76
29. Teksaška kozica..........................................................79
30. Havajska nabodala s kozicami....................................81
31. Kozica na žaru z medom in timijanom.......................83
32. Marinada za pečen česen............................................86
33. Vroča in začinjena kozica...........................................88
34. Italijanski pečeni škampi............................................91
35. Jerk kozice s sladkim jamajškim rižem.......................93
36. Limonino-česen pečena kozica...................................95
37. Kozica z limetino papriko...........................................97
38. Louisiana Shrimp Esplanade......................................99
39. Malibu Stir Fry kozice...............................................101
40. Pečene kozice.............................................................103
41. Res kul solata s kozicami..........................................105
42. M-80 kamnita kozica.................................................107
43. Zdravica mesta..........................................................111
44. Škampi a la Plancha čez popečene kruhke z žafranovim Alliolijem......................................................................114
45. Kari iz kozic z gorčico...............................................118
46. Kari s kozicami..........................................................120
47. Škampi v česnovi omaki............................................123
48. Škampi v gorčično smetanovi omaki........................125
49. Gazpačo....................................................................127
50. Kozica Linguine Alfredo..........................................130
51. Kozica Marinara.......................................................132
52. Newburgh kozica......................................................134
53. Začinjene marinirane kozice....................................136
54. Začinjene singapurske kozice..................................139
55. Starlight kozica.........................................................141

# HOBOTNICA................................................................143

56. Hobotnica v rdečem vinu...................................................144
57. Vložena hobotnica............................................................147
58. Hobotnica, kuhana v vinu.................................................150
59. Sicilijanska mlada hobotnica na žaru...............................152

## POKROVAČE........................................................................156

60. Lončena pita z morskimi sadeži......................................157
61. Pečene pokrovače s česnovo omako..............................160
62. Provansalske pokrovače..................................................162
63. Pokrovače z belo masleno omako..................................164

## VAKNJA...............................................................................167

64. Vahnja z zeliščnim maslom..............................................168
65. Cajun začinjena vahnja....................................................171
66. Vahnja, por in krompirjeva juha......................................173
67. Dimljena vahnja in paradižnikov čatni............................175

## LOSOS.................................................................................178

68. Čarobni pečeni losos........................................................179
69. Losos z granatnim jabolkom in kvinojo..........................181
70. Pečen losos in sladki krompir.........................................184
71. Pečen losos z omako iz črnega fižola............................187
72. Paprika losos na žaru s špinačo.....................................190
73. Teriyaki z lososom z zelenjavo........................................193
74. Losos na azijski način z rezanci.....................................197
75. Poširan losos v paradižnikovi česnovi juhi....................200
76. Poširan losos....................................................................203
77. Poširan losos z zeleno zeliščno salso............................205
78. Hladna solata iz poširanega lososa...............................208
79. Poširan losos z lepljivim rižem.......................................212
80. Lososov file Citrus...........................................................216
81. Lososova lazanja.............................................................219
82. Teriyaki fileti lososa.........................................................223
83. Losos s hrustljavo kožico in prelivom iz kaper..............226

84. Lososov file s kaviarjem.......................................................229
85. Lososovi zrezki na žaru s sardoni.......................................233
86. B BQ losos na dimljenem žaru...........................................236
87. Losos na oglju in črni fižol..................................................239
88. Aljaški losos na žaru na petardah.......................................243
89. Flash losos na žaru.............................................................246
90. Testenine z lososom in lignji na žaru..................................249
91. Losos s pečeno čebulo.......................................................252
92. Cedar plank losos...............................................................256
93. Dimljen česnov losos..........................................................259
94. Losos na žaru s svežimi breskvami....................................261
95. Dimljen losos in kremni sir na toastu..................................265
96. Solata z ingverjevim lososom na žaru................................268
97. Losos na žaru s koromačevo solato...................................271
98. Losos na žaru s krompirjem in vodno krešo......................274

## MEČARICA..................................................................278

99. Mandarinska sezamova mečarica......................................279
100. Začinjeni zrezki mečarice..................................................282

## ZAKLJUČEK.................................................................284

# UVOD

Malo je stvari v življenju, ki so tako okusne in božanske na vašem jeziku kot sveže kuhan ali strokovno pripravljen jastog, jed s kozicami ali krožnik tune. Če še nikoli niste poznali okusa rakovice ali morskih sadežev, ki se topijo v ustih, je ta knjiga za vas!

Obstaja toliko okusnih načinov, kako morske sadeže vključiti v pripravo obroka. Je zdrav in okusen način prehranjevanja s pustimi, nasitnimi beljakovinami in je hrbtenica sredozemske prehrane.

Spodnji recepti vključujejo lososa, kozice, pokrovače, hobotnico in vahnjo. Vsak recept je razmeroma enostaven za pripravo in poln neverjetnega okusa. Za vsakogar se najde nekaj, od ocvrtega riža s kozicami do pesto lososa do popolno pečenih pokrovač

JASTOG

1. Jastog Thermidor z newburško omako

## Sestavine
### omaka
- 3 žlice masla
- 1 skodelica soka školjk
- 1/4 do 1/2 skodelice mleka
- 1/2 čajne žličke paprike
- Ščepec soli
- 3 žlice šerija
- 2 žlici večnamenske moke
- 4 žlice svetle smetane

### Jastog
- 5 unč mesa jastoga, narezanega na 1-palčne kose
- 1 žlica drobno sesekljanega pimenta
- 1/2 skodelice na debelo narezanih gob
- 1 žlica sesekljanega drobnjaka
- Maslo za praženje
- 1 žlica šerija

### Newburgh omaka
- 1/2 do 1 skodelice naribanega sira Cheddar
- Pečico segrejte na 350 stopinj F.

## Navodila
a) Na srednje šibkem ognju stopite maslo. Ko se popolnoma stopi, dodajte papriko in mešajte 2 minuti. Maslu dodajte moko in mešajte 2 do 3 minute, da se zapeka skuha. Nenehno mešajte, da se ne zažge. Dodajte sok školjk in mešajte, dokler se ne začne gostiti. Dodajte 1/4

skodelice mleka, svetlo smetano in šeri. Kuhajte 5 minut in po potrebi dodajte preostalo 1/4 skodelice mleka.

b) Na zmernem ognju stopite toliko masla, da rahlo pokrije dno težke, velike ponve. V ponev damo jastoga, drobnjak, pimente in gobe ter mešamo 3 do 4 minute. Povečajte toploto na visoko in dodajte šeri, da odstranite glazuro iz ponve. Bodite previdni, ker se šeri lahko vname, ko alkohol izgori.

c) Vmešajte 4 unče omake Newburg in mešajte 1 minuto. Prelijemo v eno porcijsko enolončnico in potresemo s sirom. Pečemo približno 5 minut ali dokler se sir ne stopi in postane mehurček.

2. Maine zvitek jastoga

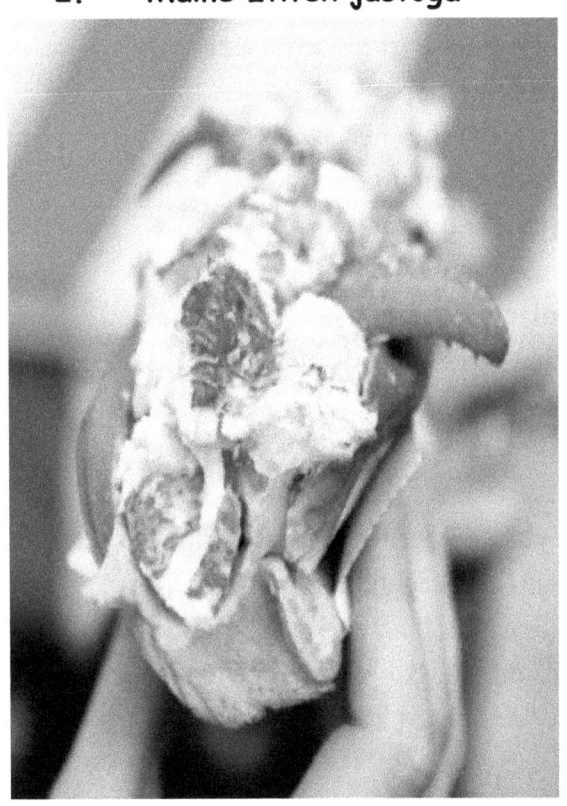

**Sestavine**
- Štirje 1- do 1 1/4-kilogramski jastogi
- 1/4 skodelice plus 2 žlici majoneze
- Sol in sveže mlet poper
- 1/4 skodelice drobno narezane zelene
- 2 žlici svežega limoninega soka
- Ščepec kajenskega popra
- 4 žemljice za hrenovke
- 2 žlici nesoljenega masla, stopljenega
- 1/2 skodelice narezane bostonske solate

**Navodila**

a) Pripravite veliko kopel z ledeno vodo. V zelo velikem loncu z vrelo slano vodo kuhajte jastoge, dokler ne postanejo živo rdeče, približno 10 minut. S kleščami potopite jastoge v kopel z ledeno vodo za 2 minuti, nato jih odcedite.

b) Jastogu odrežite rep in kremplje ter odstranite meso. Odstranite in zavrzite črevesno veno, ki poteka vzdolž vsakega repa jastoga. Meso jastoga narežite na 1/2-palčne kose in ga posušite, nato prenesite v cedilo nad skledo in ohladite, dokler ni zelo hladno, vsaj 1 uro

c) V veliki skledi zmešajte meso jastoga z majonezo ter začinite s soljo in poprom. Dodajte na kocke narezano zeleno, limonin sok in kajenski poper, dokler se dobro ne premešajo.

d) Segrejte veliko ponev. Hrenovke ob straneh premažemo s stopljenim maslom in na zmernem ognju na obeh straneh zlato rjavo popečemo. Hrenovke prestavimo na krožnike, jih napolnimo z naribano solato in jastogovo solato ter takoj postrežemo.

3. Polnjeni jastog Thermidor

## Sestavine

- 6 (1 funt) zamrznjenih repov jastoga
- 10 žlic masla, stopljenega
- 1 skodelica narezanih svežih gob
- 4 žlice moke
- 1 čajna žlička suhe gorčice
- 2 ščepci mletega muškatnega oreščka
- 2 črti kajenskega popra
- 1 čajna žlička soli
- 1 skodelica mleka
- 1 skodelica pol-pol
- 2 rumenjaka, rahlo stepena
- 1 čajna žlička limoninega soka
- 2 žlici sherry vina
- 1/2 skodelice finih krušnih drobtin
- 2 žlici naribanega parmezana

## Navodila

a) Pečico segrejte na 450 stopinj F.
b) Jastogove repe položite v velik lonec z vrelo vodo in pokrijte. Kuhajte do mehkega, približno 20 minut; odtok.
c) Vsak rep po dolžini prerežite na pol in meso jastoga narežite na kocke. Odložite prazne jastogove repke.
d) Nalijte 1/4 skodelice masla v ponev; dodamo gobe in pražimo, da rahlo porjavijo. Vmešajte moko in vmešajte začimbe. Zmesi postopoma dodajamo mleko in pol-pol, ob stalnem mešanju dokler se ne zgosti. Dodajte majhno količino

vroče mešanice rumenjakom, nenehno mešajte; nato mešanico rumenjakov vrnite v smetanovo omako, ponovno neprestano mešajte in kuhajte, dokler se ne zgosti. Vmešajte limonin sok, šeri in meso jastoga; žlico v lupine jastoga. Zmešajte krušne drobtine, parmezan in preostalo maslo; potresemo po polnjenih jastogovih repih. Položite na piškotni list in pecite pri 400 stopinjah F 15 minut.

Služi 6.

4. Jastog z vanilijo

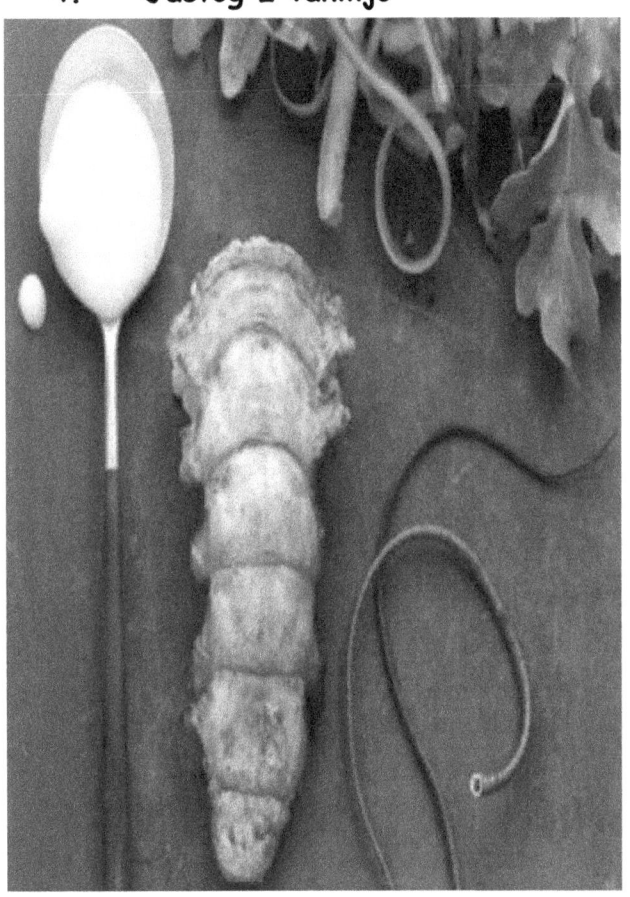

## Sestavine
- Živ 1 1/2 funt jastoga na osebo
- 1 čebula
- 1 strok česna
- Paradižnik, olupljen in drobno narezan
- Malo vina ali ribje juhe
- maslo
- Sherry
- Ekstrakt vanilije
- Kajenski poper


## Navodila

a) Jastoga prerežemo na pol. Počite kremplje in prerežite rep skozi sklepe. V močni ponvi raztopimo košček masla, na njem rahlo prepražimo čebulo in česen. Dodajte koščke jastoga in jih kuhajte, dokler ne pordečijo, preden jih odstranite na toplo mesto.

b) Sedaj povečajte ogenj in dodajte preostale sestavine, razen vanilije, masla in kajenskega lista. Paradižnike zreducirajte, dokler ne nastanejo mehurčkasta kaša, nato zmanjšajte ogenj in po koščkih dodajte maslo ter mešajte, da preprečite ločevanje omake.

c) Na koncu dodamo pol žličke vanilije in šejk kajenskega vina. Z omako prelijemo jastoga in postrežemo z rižem.

**KOZICA**

## 5. Začinjene kozice na žaru

Služi 6

### Sestavine

- 1/3 skodelice olivnega olja
- 1/4 skodelice sezamovega olja
- 1/4 skodelice sesekljanega svežega peteršilja
- 3 žlice pikantne omake Chipotle BBQ
- 1 žlica mletega česna
- 1 žlica azijske čilske omake 1 čajna žlička soli
- 1 čajna žlička črnega popra
- 3 žlice limoninega soka
- 2 lbs. velika kozica, olupljena in brez žil
- 12 lesenih nabodal, namočenih v vodo
- Drgnjenje

### Navodila

a) V posodi za mešanje zmešajte olivno olje, sezamovo olje, peteršilj, začinjeno omako Chipotle BBQ, sesekljan česen, čilsko omako, sol, poper in limonin sok. Odložite približno 1/3 te marinade za uporabo med peko na žaru.

b) Kozico postavite v veliko plastično vrečko, ki jo je mogoče ponovno zapreti. Prelijemo s preostalo marinado in zapremo vrečko. Hladimo 2 uri. Predgrejte žar Good-One® za visoko temperaturo. Kozico nataknite na nabodala, enkrat prebodite pri repu in enkrat pri glavi. Zavrzite marinado.

c) Rahlo naoljite rešetko za žar. Kozice kuhajte 2 minuti na vsaki strani, dokler ne postanejo neprozorne, pogosto polivajte s prihranjeno marinado

## 6. Zeliščna kozica na žaru

Služi 4

## Sestavine

- 2 lbs. Olupljene in razrezane jumbo kozice ¾ skodelice oljčnega olja
- 2 žlici sveže iztisnjenega limoninega soka 2 skodelici sesekljane sveže bazilike
- 2 stroka česna, zdrobljena
- 1 žlica sesekljanega peteršilja 1 čajna žlička soli
- ½ čajne žličke origana
- ½ čajne žličke sveže mletega črnega popra

## Navodila

a) Kozice v eni plasti položite v plitvo stekleno ali keramično posodo.
b) V kuhinjskem robotu zmešajte olivno olje z limoninim sokom.
c) Pokrijte in postavite v hladilnik za 2 uri. Med mariniranjem kozico 4- do 5-krat premešamo.
d) Pripravite žar.
e) Rahlo naoljite rešetko za žar.
f) Kozico položite na naoljeno rešetko (po želji jo lahko nabodete) na vroče oglje in pecite na

žaru 3 do 5 minut na vsaki strani, dokler rahlo ne zoglene in se speče. Ne prekuhajte.
g) Postrezite takoj.

7. Škampi en brochette

Za 4 porcije (porcije za predjed)

## Sestavine

- ½ žlice pekoče omake
- 1 žlica dijonske gorčice 3 žlice piva
- ½ funta velike kozice, olupljene in brez rezin
- 3 rezine slanine, po dolžini narezane na 12 trakov
- 2 žlici svetlo rjavega sladkorja

## Navodila

a) V skledi za mešanje zmešajte vročo omako, gorčico in pivo.
b) Dodajte kozico in premešajte, da se enakomerno prekrije. Hladimo vsaj 2 uri. Odcedite in prihranite marinado. Vsako kozico ovijemo s trakom slanine.
c) Na 4 dvojna nabodala nataknite 3 kozice. Brošice dajte v plitvo skledo in prelijte prihranjeno marinado. Kozico potresemo s sladkorjem. Hladite vsaj 1 uro
d) Pripravite Good-One Grill. Brošice položimo na žar, jih prelijemo z marinado in zapremo pokrov. Kuhajte 4 minute, nato jih obrnite, zaprite pokrov in kuhajte 4 minute.
e) Postrezite takoj

8. Paketi kozic

## Sestavine

- 4 lbs. Velika kozica
- 1 skodelica masla ali margarine
- 1 velik strok česna, mlet
- 1/2 čajne žličke črnega popra
- 1 čajna žlička soli
- 1 skodelica peteršilja, mletega

## Navodila

a) Olupite in očistite kozice
b) Kremno maslo; maslu dodajte preostale sestavine in dobro premešajte. Izrežite 6 (9-palčnih) trakov težke aluminijaste folije. Nato vsak trak prerežite na pol. Na vsak kos folije enakomerno razdelite kozice. Vsako prelijte z 1/12 mešanice masla, dvignite folijo okoli kozic; tesno zavijte, da zaprete. Pakete kozic položimo na žerjavico. Kuhajte 5 minut.

Naredi 12 paketov

9. Bazilika kozica

**Sestavine**

- 2 1/2 žlici oljčnega olja
- 1/4 skodelice masla, stopljenega
- 1/2 limone, iztisnjenega soka
- žlice grobo zrnate pripravljene gorčice
- unč mlete sveže bazilike
- stroki česna, mleto
- sol po okusu
- 1 ščepec belega popra
- 3 funte svežih kozic, olupljenih in razrezanih

**Navodila**

a) V plitvi, neporozni posodi ali skledi zmešajte olivno olje in stopljeno maslo. Nato vmešajte limonin sok, gorčico, baziliko in česen ter začinite s soljo in belim poprom. Dodajte kozice in premešajte. Pokrijte in postavite v hladilnik ali hladilnik za 1 uro. Predgrejte žar na visoko temperaturo.

b) Odstranite kozice iz marinade in jih nataknite na nabodala. Rahlo naoljite rešetko in na žar razporedite nabodala. Kuhajte 4 minute, enkrat obrnite, dokler ni pripravljeno.

## 10. V slanino ovita kozica na žaru

## Sestavine

- 1 lb velika kozica
- rezine slanine, narezane na 1/2
- poper jack sir

## Navodila

a) Kozice operemo, olupimo in odstranimo luknje. Zarežite hrbet vsake kozice. V zarezo položite majhno rezino sira in ovijte s kosom slanine. Za držanje skupaj uporabite zobotrebec.

b) Pečemo na žaru, dokler slanina ni rahlo hrustljava. To je okusno in enostavno!

## 11. Škampi na žaru

## Sestavine

- 1 funt srednje velike kozice
- 3-4 žlice oljčnega olja
- 2 žlici "Old Bay Seasoning"

## Navodila

a) Kozice olupimo in odstranimo rezine, pustimo repe. Vse sestavine dajte v vrečko z zadrgo in dobro pretresite. To lahko marinirate 5 minut ali nekaj ur.
b) Kozice položimo na "žar ponev" (z luknjicami, da kozice ne padejo med rešetke na žaru) in pečemo srednje visoko nekaj minut. Zelo pikantno

Služi 2

## 12. Alabama pečenje s kozicami

**Sestavine**

- 1 skodelica stopljenega masla ali margarine
- 3/4 skodelice limoninega soka
- 3/4 skodelice Worcestershire omake
- 1 žlica soli
- 1 žlica grobo mletega popra
- 1 čajna žlička posušenega rožmarina
- 1/8 čajne žličke mlete rdeče paprike
- 1 žlica pekoče omake
- 3 stroki česna, sesekljani
- 2 1/2 funta neolupljenih velikih ali jumbo kozic
- 2 limoni, narezani na tanke rezine
- 1 srednja čebula, narezana na tanke rezine
- Sveže rožmarinove vejice

**Navodila**

a) Združite prvih 9 sestavin v majhni skledi; na stran.

b) Kozico oplaknemo s hladno vodo; dobro odcedite. V nenamaščen pekač velikosti 13 x 9 x 2 palca položite kozice, rezine limone in rezine čebule. Masleno mešanico prelijemo čez kozico. Pecite odkrito pri 400 stopinjah F 20 do 25 minut ali dokler kozice ne postanejo rožnate, občasno jih polijte s sokom iz ponve. Okrasite z vejicami svežega rožmarina.

## 13. Skoraj paesano s kozicami

## Sestavine

- kozica
- 1 jajce
- 1 skodelica mleka
- Sol in poper po okusu
- 1 funt zelo velike kozice, olupljene in brez rezin, z repi
- 1/2 skodelice večnamenske moke
- Rastlinsko olje

## Navodila

a) V plitvi skledi zmešajte jajca, mleko, sol in poper. Kozico potopite v mešanico, nato pa rahlo potopite v moko.

b) V ponvi segrejte olje, da se segreje, nato pa dodajte kozice 4 do 6 naenkrat, pri čemer pazite, da imajo kozice dovolj prostora za kuhanje. (Pomembno je, da kozice niso blizu ena drugi ali se dotikajo.) Popečemo jih na eni strani, nato jih obrnemo in popečemo še na drugi. Kuhajte, dokler ni končano, ali položite na pekač v predhodno segreto pečico na 350 stopinj F, da dokončate kuhanje. Medtem pripravimo omako.

14. Rižota s fižolom in kozicami

**Sestavine**

- 1 ½ skodelice sesekljane čebule
- 1 lb olupljene kozice brez žlebov
- 4 stroki česna, sesekljani
- 1 skodelica graha
- 1 JŽ olivnega olja
- 1 pločevinka fižola ali ½ skodelice kuhanega
- 3 do 4 oz. gobe, narezane
- fižol v suhi embalaži, opran,
- 1 ½ skodelice riža Arborio, odcejenega
- 3 pločevinke piščančje juhe brez maščobe z zmanjšano vsebnostjo natrija
- 1 srednje velik paradižnik, sesekljan
- skodelica parmezana ali sira Asiago
- sol in poper po okusu

**Navodila**

a) Čebulo, česen in gobe pražite na olju v veliki ponvi, dokler se ne zmehčajo, 5 do 8 minut.
b) Vmešajte riž in kuhajte 2 do 3 minute.
c) V srednji ponvi segrejte juho do vrenja; zmanjšajte toploto na nizko. Rižu dodajte 1 skodelico juhe in kuhajte med nenehnim mešanjem, dokler se juha ne absorbira, 1 do 2 minuti. Počasi dodajte 2 skodelici juhe in med mešanjem kuhajte, dokler se juha ne vpije.

d) V ponev dodajte kozice, grah in preostalo juho. Med pogostim mešanjem kuhajte, dokler se riž ne zmehča in se tekočina vpije, 5 do 10 minut.
e) Dodamo fižol in paradižnik; kuhajte 2 do 3 minute dlje. Vmešajte sir; Po okusu začinimo s soljo in poprom.

15. Pivski pečeni škampi

**Sestavine**

- 3/4 skodelice piva
- 3 žlice rastlinskega olja
- 2 žlici sesekljanega peteršilja
- 4 čajne žličke Worcestershire omake
- 1 strok česna, sesekljan
- 1/2 čajne žličke soli
- 1/8 čajne žličke popra
- 2 funta velika kozica, neoluščena

**Navodila**

a) Zmešajte olje, peteršilj, Worcestershire omako, česen, sol in poper. Dodamo kozice; premešamo. pokrov; pustite stati pri sobni temperaturi 1 uro.
b) Odcedite, prihranite marinado. Postavite kozice na dobro namaščeno stojalo za brojlerje; pražite 4 do 5 palcev od vročine 4 minute. obrniti; premažite z marinado. Pražite še 2 do 4 minute oziroma do svetlo rožnate barve.

Za 6 obrokov

16. Kuhane zalivske kozice

## Sestavine

- 1 galono vode
- 3 unče rakovega mesa
- 2 limoni, narezani
- 6 poprovih zrn
- 2 lovorjeva lista
- 5 funtov surovih kozic v oklepu

## Navodila

a) Zavremo vodo, začinjeno z rakovico, limonami, poprom in lovorjevimi listi. Spustite kozice.

b) Ko voda ponovno zavre, kuhajte jumbo ali veliko kozico 12 do 13 minut, srednjo kozico pa 7 do 8 minut. Odstranite z ognja in dodajte 1 liter ledene vode. Pustite stati 10 minut. Odtok.

17. Remoulade omaka

## Sestavine

- 1/2 žlice kreolske gorčice ali več
- 2 žlici naribane čebule
- 1 pint majoneze
- 1/4 skodelice hrena ali več
- 1/2 skodelice sesekljanega drobnjaka
- 1/4 čajne žličke soli
- 1 žlica limoninega soka
- 1/4 čajne žličke popra

## Navodila

a) Zmešajte vse sestavine. Postrezite nad hladnimi kuhanimi kozicami za glavno jed v obliki rémoulade s kozicami ali uporabite kot pomako za kuhane kozice. Omaka je najboljša po 24 urah.
b) Naredi 2 1/4 skodelice omake.

## 18. Kalifornijski škampi

## Sestavine

- 1 funt masla, prečiščenega
- 1 žlica mletega česna
- 1 čajna žlička soli
- 1 čajna žlička popra
- 1 1/2 funta velika kozica, oluščena in brez žil

## Navodila

a) V veliki ponvi segrejte 3 žlice očiščenega masla. Dodamo česen in prepražimo. Solimo in popramo ter po želji dodamo kozico, ki jo lahko naribamo v metuljčku. Pražite, dokler kozice ne spremenijo barve in postanejo mehke. Dodajte preostalo maslo in segrejte. Na krožnike naložimo kozice in po žlicah prelijemo segreto maslo.
b) Za 4 do 6 obrokov
c)

19. Šampanjec, kozice in testenine

## Sestavine

- 8 unč testenin z angelskimi lasmi
- 1 žlica ekstra deviškega oljčnega olja
- 1 skodelica narezanih svežih gob
- 1 funt srednje velikih kozic, olupljenih in razrezanih
- 1-1/2 skodelice šampanjca
- 1/4 čajne žličke soli
- 2 žlici mlete šalotke
- 2 slivova paradižnika, narezana na kocke
- 1 skodelica težke smetane
- sol in poper po okusu
- 3 žlice sesekljanega svežega peteršilja
- sveže nariban parmezan

## Navodila

a) Velik lonec rahlo osoljene vode zavremo. Testenine kuhajte v vreli vodi 6 do 8 minut ali dokler niso al dente; odtok. Medtem v veliki ponvi segrejte olje na srednje močnem ognju. Gobe prepražimo in premešamo na olju, dokler se ne zmehčajo. Odstranite gobe iz ponve in jih odstavite.

b) V ponvi združite kozice, šampanjec in sol ter kuhajte na močnem ognju. Ko tekočina komaj začne vreti, odstranite kozico iz ponve. V šampanjec dodajte šalotko in paradižnik; kuhajte, dokler se tekočina ne zmanjša na 1/2 skodelice, približno 8 minut. Vmešajte 3/4 skodelice smetane; kuhajte, dokler se rahlo ne zgosti, približno 1 do 2 minuti. V omako dodajte kozice in gobe ter segrejte.

c) Začimbe prilagodite okusu. Vroče kuhane testenine premešajte s preostalo 1/4 skodelice smetane in peteršiljem. Za serviranje na testenine nalijte kozice z omako in na vrh potresite parmezan.

20. Kokosova kozica z želejem Jalapeño

**Sestavine**

- 3 skodelice naribanega kokosa
- 12 (16–20 ali 26–30) kozic, olupljenih in očiščenih
- 1 skodelica moke
- 2 jajci, pretepeni
- Rastlinsko olje

**Navodila**

a) Kokos rahlo popečemo na pekaču za piškote v pečici pri 350 stopinjah F 8 do 10 minut.
b) Vsako kozico razrežite po dolžini po sredini in prerežite tri četrtine. Kozico potopite v moko in nato pomočite v jajce. Nastrgan kokos pritisnite v kozico in ga nato zlato rjavo prepražite v rastlinskem olju pri 350 stopinjah F.
c) Postrezite z želejem Jalapeño.

## 21. kokosova tempura kozica

**Sestavine**

- 2/3 skodelice moke
- 1/2 skodelice koruznega škroba
- 1 veliko jajce, pretepljeno
- 1 skodelica naribanega svežega kokosa
- 1 skodelica ledeno mrzle soda vode
- Sol
- 1 funt velika kozica, olupljena, brez rezin in z repom
- Kreolska začimba
- 1 kozarec mangovega čatnija
- 1 trpotec
- 1 žlica cilantra, drobno sesekljanega

**Navodila**

a) Predgrejte cvrtnik.
b) V srednje veliki skledi za mešanje zmešajte moko, koruzni škrob, jajce, kokos in soda vodo. Dobro premešajte, da dobite gladko testo. Posolimo. Kozico začinimo s kreolskimi začimbami. Kozico držite za rep, potopite v testo, ga popolnoma premažite in otresite odvečno maso. Kozice v serijah pražite do zlato rjave barve, približno 4 do 6 minut. Odstranite in odcedite na papirnatih brisačah. Začinimo s kreolskimi začimbami.

c) Trpotec olupimo. Trpotec narežemo na tanko, po dolžini. Popecite jih do zlato rjave barve. Odstranite in odcedite na papirnatih brisačah. Začinimo s kreolskimi začimbami.
d) Na sredino vsakega krožnika nasujte nekaj mangovega čatnija. Okoli čatnija položimo kozico. Okrasite z ocvrtimi trpotci in cilantrom.

## 22. Korneti s kozicami in origanom

## Sestavine

- 6 klasja koruze
- 1 čajna žlička soli
- 1/4 čajne žličke belega popra
- 1 žlica sesekljanega svežega mehiškega origana oz
- 1 čajna žlička posušenega mehiškega origana
- 12 srednjih kozic
- 24 palčk za sladoled

## Navodila

a) Kozice olupimo, razdelimo in narežemo na kocke. Koruzo obrežite in odstranite lupine in svilo. Večje lupine prihranimo in operemo. Koruzna zrna odrežite iz storža in postrgajte čim več mleka. Jedrca zmeljemo z mlinčkom za meso z ostrim rezilom. Dodamo sol, beli poper, origano in kozice. Dobro premešamo.

b) Pečico segrejte na 325 stopinj F.

c) Na sredino čiste lupine dajte žlico koruzne mešanice. Levo stran lupine prepognemo v sredino, nato desno, nato pa spodnji del prepognemo navzgor. Potisnite palčko Popsicle 2 do 3 centimetre v odprt konec in s prsti stisnite lupino okoli palčke. Iz suhe lupine natrgajte tanek pramen in ga zavežite okoli rožnega rezina. Zvitke, palčke polagamo na zrak

in zelo blizu skupaj, v steklen pekač ali pekač. Pečemo 30 minut, dokler koruzna mešanica ni čvrsta in trdna.
d) Če želite jesti koruzo, olupite koruzno lupino in jo pojejte vročo s paličice, kot bi popsicle.

## 23. Kremni pesto kozice

## Sestavine

- 1 funt testenin linguine
- 1/2 skodelice masla
- 2 skodelici težke smetane
- 1/2 čajne žličke mletega črnega popra
- 1 skodelica naribanega parmezana
- 1/3 skodelice pesta
- 1 funt velika kozica, olupljena in razrezana

## Navodila

Velik lonec rahlo osoljene vode zavremo. Dodajte testenine linguine in kuhajte 8 do 10 minut ali dokler niso al dente; odtok. V veliki ponvi stopite

maslo na srednjem ognju. Vmešamo smetano in začinimo s poprom. Med stalnim mešanjem kuhajte 6 do 8 minut. Parmezan vmešajte v smetanovo omako in mešajte, dokler ni popolnoma premešana. Vmešajte pesto in kuhajte 3 do 5 minut, dokler se ne zgosti. Primešamo kozico in kuhamo, dokler ne porjavijo, približno 5 minut. Postrezite čez vroče lingvine.

## 24. Delta kozica

## Sestavine

- 2 litra vode
- 1/2 velike limone, narezane na rezine
- 2 1/2 funta neolupljenih velikih svežih kozic
- 1 skodelica rastlinskega olja
- 2 žlici pekoče omake
- 1 1/2 žličke olivnega olja
- 1 1/2 žličke mletega česna
- 1 čajna žlička mletega svežega peteršilja
- 3/4 čajne žličke soli
- 3/4 čajne žličke Old Bay začimba
- 3/4 čajne žličke cele posušene bazilike
- 3/4 čajne žličke posušenega celega origana
- 3/4 čajne žličke posušenega celega timijana
- Listna solata

## Navodila

a) Zavremo vodo in limono; dodamo kozico in kuhamo 3 do 5 minut. Dobro odcedite; sperite s hladno vodo. Kozice olupimo in odstranimo rezine, pri čemer pustimo repke nedotaknjene. V veliko skledo dajte kozice.

b) Zmešajte olje in naslednjih 9 sestavin; mešamo z žično metlico. Prelijemo čez kozico. Premešajte, da prekrijete kozice.

## 25. Kremna kozica

## Sestavine

- 3 pločevinke kremne juhe iz kozic
- 1 1/2 čajne žličke karija
- 3 skodelice kisle smetane
- 1 1/2 funta kozic, kuhanih in olupljenih

## Navodila
a) Zmešajte vse sestavine in segrejte na vrhu dvojnega kotla.
b) Postrezite čez riž ali v polpetih lupinah.

26. Kanuji z jajčevci

## Sestavine

- 4 srednji jajčevci
- 1 skodelica čebule, sesekljane
- 1 skodelica zelene čebule, sesekljane
- 4 stroki česna, sesekljani
- 1 skodelica paprike, sesekljane
- 1/2 skodelice zelene, sesekljane
- 2 lovorjeva lista
- 1 čajna žlička timijana
- 4 čajne žličke soli
- 1 čajna žlička črnega popra
- 4 žlice slanine
- 1 1/2 funta surovih kozic, olupljenih
- 1/2 skodelice (1 palčka) masla
- 1 žlica Worcestershire omake
- 1 čajna žlička pekoče omake Louisiana
- 1 skodelica začinjenih italijanskih krušnih drobtin
- 2 jajci, pretepeni
- 1/2 skodelice sesekljanega peteršilja
- 1 funt grudice rakovega mesa
- 3 žlice limoninega soka
- 8 žlic naribanega sira Romano
- 1 skodelica ostrega sira Cheddar, nariban

**Navodila**

a) Jajčevce po dolžini prerežite na pol in kuhajte v slani vodi približno 10 minut oziroma dokler niso mehki. Izdolbite notranjost in drobno sesekljajte. V plitek pekač položimo lupine jajčevcev. Čebulo, zeleno čebulo, česen, papriko, zeleno, lovorjev list, timijan, sol in poper pražite na slanini približno 15 do 20 minut. Dodamo narezane jajčevce in pokrito kuhamo približno 30 minut.

b) V ločeni ponvi na maslu pražite kozice, dokler ne postanejo rožnate, približno 2 minuti, nato jih dodajte mešanici jajčevcev. Mešanici jajčevcev dodamo Worcestershire omako, pekočo omako, krušne drobtine in jajca. Primešamo peteršilj in limonin sok. Dodajte sir. Nežno vmešajte rakovo meso. Z mešanico napolnite lupine jajčevcev. Pečemo nepokrito pri 350 stopinjah F, dokler ni vroče in porjavi, približno 30 minut.

Zagotavlja 8 obrokov

27. Česnova kozica

### Sestavine

- 2 žlici olivnega olja
- 4 stroki česna, narezani na tanke rezine
- 1 žlica zdrobljene rdeče paprike
- 1 funt kozic
- sol in poper, po okusu

### Navodila

a) V ponvi na srednjem ognju segrejte olivno olje. Dodamo česen in rdečo papriko. Pražite, dokler česen ne porjavi, pogosto mešajte, da se česen ne zažge.

b) Kozico stresite v olje (pazite, da vas olje ne brizga). Pecite 2 minuti na vsaki strani, dokler ne postane rožnato.

c) Dodajte sol in poper. Kuhajte še eno minuto, preden jo odstavite z ognja. Postrezite z rezinami bagete (v stilu tapasa) ali s testeninami.

d) Če premetavate s testeninami: Začnite v veliki ponvi. Kozico skuhajte po navodilih, medtem ko v posebnem loncu naredite testenine (verjetno boste testenine začeli pred kozico, saj kozica vzame le 5-7 minut). Med odcejanjem testenin prihranite nekaj vode za testenine.

e) Ko je kozica končana, kuhane testenine stresemo v ponev s kozico in dobro premešamo ter pokapamo s česnom in oljem rdeče paprike. Po potrebi dodajte prihranjeno vodo za testenine v korakih po žlicah.

f) Po vrhu potresemo s sesekljanim peteršiljem.

28. Marinirane kozice na žaru

## Sestavine

- 1 skodelica olivnega olja
- 1/4 skodelice sesekljanega svežega peteršilja
- 1 limona, iztisnjen sok
- 2 žlici feferone omake
- 3 stroki česna, sesekljani
- 1 žlica paradižnikove paste
- 2 žlički posušenega origana
- 1 čajna žlička soli
- 1 čajna žlička mletega črnega popra
- 2 funta velika kozica, olupljena in brez rezin s pritrjenimi repi
- Nabodala

## Navodila

a) V skledi za mešanje zmešajte olivno olje, peteršilj, limonin sok, pekočo omako, česen, paradižnikovo pasto, origano, sol in črni poper. Rezervirajte majhno količino za kasneje. Preostalo marinado nalijte v veliko plastično vrečko, ki jo je mogoče zapreti, skupaj s kozicami. Zapremo in mariniramo v hladilniku 2 uri.

b) Predgrejte žar na srednje nizki temperaturi. Kozico nataknite na nabodala, enkrat prebodite pri repu in enkrat pri glavi. Zavrzite marinado.

c) Rahlo naoljite rešetko za žar. Kozice kuhajte 5 minut na vsako stran ali dokler ne postanejo neprozorne, pri čemer jih pogosto polivajte s prihranjeno marinado.

## 29. Teksaška kozica

## Sestavine

- 1/4 skodelice rastlinskega olja
- 1/4 skodelice tekile
- 1/4 skodelice rdečega vinskega kisa
- 2 žlici soka mehiške limete
- 1 žlica mletega rdečega čilija
- 1/2 čajne žličke soli
- 2 stroka česna, drobno sesekljan
- 1 rdeča paprika, drobno sesekljana
- 24 velikih surovih kozic, olupljenih in brez žil

## Navodila

a) Vse sestavine razen kozic zmešajte v plitvi stekleni ali plastični posodi. Primešamo kozico. Pokrijte in ohladite 1 uro.
b) Odstranite kozice iz marinade, marinado prihranite. Na vsako od šestih (8-palčnih) kovinskih nabodal nataknite 4 kozice. Pecite na srednje velikem oglju, enkrat obrnite, dokler ne postane rožnato, 2 do 3 minute na vsaki strani.
c) V nereaktivni kozici segrejte marinado do vrenja. Zmanjšajte toploto na nizko. Dušite odkrito, dokler se paprika ne zmehča, približno 5 minut. Postrezite s kozicami.

30. Havajska nabodala s kozicami

## Sestavine

- 1/2 funta kozic, olupljenih, brez rezin in nekuhanih 1/2 funta lovorovih ali morskih pokrovač 1 pločevinka koščkov ananasa v soku
- 1 zelena paprika, narezana na kolesca
- rezine slanine

## omaka:

- 6 unč omake za žar
- 16 unč salse
- 2 žlici ananasovega soka
- 2 žlici belega vina

## Navodila

a) Mešajte sestavine omake, dokler niso enakomerne. Na nabodala nabodite koščke ananasa, kozice, pokrovače, rezine paprike in zložene rezine slanine.
b) Nabodala enakomerno naribajte na vsaki strani in pecite na žaru. Kuhajte, dokler kozice niso rožnate barve. Postrezite z rižem.

**31. Kozica na žaru z medom in timijanom**

**Sestavine**

- Marinada za pečen česen
- 2 funta svežih ali zamrznjenih nekuhanih velikih kozic v lupinah
- 1 srednje velika rdeča paprika, narezana na 1-palčne kvadrate in blanširana
- 1 srednje velika rumena paprika, narezana na 1-palčne kvadrate in blanširana
- 1 srednje velika rdeča čebula, narezana na četrtine in ločena na koščke

**Navodila**

a) Pripravite marinado za pečen česen
b) Olupite kozice. (Če so kozice zamrznjene, jih ne odmrznite; olupite v hladni vodi.) Vsako kozico po hrbtni strani po dolžini plitko zarežite; izperite veno.
c) Nalijte 1/2 skodelice marinade v majhno plastično vrečko, ki jo je mogoče ponovno zapreti; zaprite vrečko in ohladite do serviranja. Preostalo marinado nalijte v veliko plastično vrečko, ki jo je mogoče ponovno zapreti. Dodajte kozice, papriko in čebulo ter jih obrnite, da jih prelijete z marinado. Vrečko zaprite in ohladite vsaj 2 uri, vendar ne dlje kot 24 ur.
d) Rešetko za žar namažite z rastlinskim oljem. Segrejte oglje ali plinski žar za neposredno

ogrevanje. Odstranite kozice in zelenjavo iz marinade; dobro odcedite. Zavrzite marinado. Na vsako od šestih 15-palčnih kovinskih nabodal izmenično nataknite kozice in zelenjavo, med njimi pa pustite prostor.

e) Pecite ražnjiče odkrite 4 do 6 palcev od VROČE vročine 7 do 10 minut, enkrat obrnite, dokler kozice niso rožnate in čvrste. Na servirni pladenj položite ražnjiče. S škarjami odrežite majhen vogal iz majhne plastične vrečke rezervirane marinade. Z marinado pokapajte kozice in zelenjavo.

Dobitek: 6 obrokov.

## 32. Marinada za pečen česen

## Sestavine

- 1 srednja čebulica česna
- 1/3 skodelice olivnega ali rastlinskega olja
- 2/3 skodelice pomarančnega soka
- 1/4 skodelice začinjene medene gorčice
- 3 žlice medu
- 3/4 čajne žličke zdrobljenih posušenih listov timijana

## Navodila

a) Pečico segrejte na 375 stopinj F.
b) Odrežite eno tretjino vrha neolupljene čebulice česna in izpostavite stroke. V majhen pekač položite česen; pokapljamo z oljem.
c) Tesno pokrijte in pecite 45 minut; kul. Stisnite česnovo kašo iz papirnate kože. Česen in preostale sestavine dajte v mešalnik.
d) Pokrijte in mešajte pri visoki hitrosti, dokler ni gladka. Naredi približno 1 1/2 skodelice.

33. Vroča in začinjena kozica

**Sestavine**
- 1 funt masla
- 1/4 skodelice arašidovega olja
- 3 stroki česna, sesekljani
- 2 žlici rožmarina
- 1 čajna žlička sesekljane bazilike
- 1 čajna žlička sesekljanega timijana
- 1 čajna žlička sesekljanega origana
- 1 manjša feferonka, sesekljana oz
- 2 žlici mletega kajenskega popra
- 2 žlički sveže mletega črnega popra
- 2 lovorjeva lista, zdrobljena
- 1 žlica paprike
- 2 žlički limoninega soka
- 2 funta surovih kozic v lupini
- Sol

**Navodila**
a) Kozice morajo biti velikosti 30-35 na funt.
b) V ognjevarnem pekaču raztopimo maslo in olje. Dodajte česen, zelišča, papriko, lovorjev list, papriko in limonin sok ter zavrite. Znižajte ogenj in med pogostim mešanjem kuhajte 10 minut. Jed odstavimo z ognja in pustimo, da se okusi prepojijo vsaj 30 minut.
c) To vročo masleno omako lahko pripravite en dan vnaprej in jo ohladite. Pečico segrejte na 450 stopinj F. Ponovno segrejte omako, dodajte kozico in kuhajte na zmernem ognju, dokler

kozica ne postane rožnata, nato pa v pečici pecite še približno 30 minut. Poskusite začiniti, po potrebi dodajte sol.
d) Masleno omako namočite s hrustljavim kruhom, potem ko ste pojedli kozice.

## 34. Italijanski pečeni škampi

**Sestavine**
- 2 funta jumbo kozic
- 1/4 skodelice olivnega olja
- 2 žlici česna, mletega
- 1/4 skodelice moke
- 1/4 skodelice masla, stopljenega
- 4 žlice peteršilja, mletega
- 1 skodelica vlečene maslene omake

**Navodila**

a) Škampe olupimo, pustimo repe. Posušite, nato potresite z moko. V raven pekač vmešamo olje in maslo; dodamo kozice. Pražite na srednjem ognju 8 minut. V vlečeno masleno omako dodamo česen in peteršilj. Prelijemo čez kozico.

b) Mešajte, dokler se kozice ne prekrijejo. Pražimo še 2 minuti.

## 35. Jerk kozice s sladkim jamajškim rižem

**Sestavine**
- 1 funt srednjih kozic (51–60 št.), surov, z lupino in začimbami Jerk
- 2 skodelici vročega kuhanega riža
- 1 (11 unč) pločevinka mandarin, odcejenih in sesekljanih
- 1 (8 unč) pločevinka zdrobljenega ananasa, odcejenega
- 1/2 skodelice sesekljane rdeče paprike
- 1/4 skodelice narezanih mandljev, opečenih
- 1/2 skodelice narezanih kapesant
- 2 žlici kokosovih kosmičev, popečenega
- 1/4 čajne žličke mletega ingverja

**Navodila**

a) Pripravite marinado za jerk v skladu z navodili na embalaži na hrbtni strani začimb za jerk.

b) Kozice olupimo in odstranimo rezine, pustimo rep. Med pripravo riža dajte v marinado.

c) V veliki ponvi zmešajte vse preostale sestavine. Kuhajte na srednje močnem ognju ob stalnem mešanju 5 minut ali dokler se popolnoma ne segreje. Odstranite kozice iz marinade. Postavite v ponev za brojlerje v eni plasti. Pecite 5 do 6 palcev od vročine 2 minuti.

d) Dobro premešajte in pražite dodatni 2 minuti ali dokler kozice niso ravno rožnate.

e) Postrezite z rižem.

f)

## 36. Limonino-česen pečena kozica

**Sestavine**
- 2 funta srednjih kozic, olupljenih in brez žlebov
- 2 stroka česna, prepolovljena
- 1/4 skodelice masla ali margarine, stopljene
- 1/2 čajne žličke soli
- Grobo mlet poper
- 3 kapljice vroče omake
- 1 žlica Worcestershire omake
- 5 žlic sesekljanega svežega peteršilja

**Navodila**
a) Položite kozice v eno plast v 15 x 10 x 1-palčni pekač z želejem; na stran.
b) Na maslu prepražimo česen, dokler česen ne porjavi; odstranite in zavrzite česen. Dodajte preostale sestavine, razen peteršilja, in dobro premešajte. Zmes prelijemo čez kozico. Pecite kozice 4 cm od vročine 8 do 10 minut, enkrat polijte. Potresemo s peteršiljem.

Za 6 obrokov.

### 37. Kozica z limetino papriko

**Sestavine**
- 1 funt velika kozica, olupljena in razrezana
- 1 žlica olivnega olja
- 1 žlica mletega svežega rožmarina
- 1 žlica mletega svežega timijana
- 2 žlički mletega česna
- 1 čajna žlička grobo mletega črnega popra
- Ščepec mlete rdeče paprike
- Sok ene limete

**Navodila**

a) V srednje veliki skledi zmešajte kozice, olje, zelišča in papriko. Dobro premešamo, da se kozica prekrije. Pustite stati na sobni temperaturi 20 minut.

b) Veliko ponev proti prijemanju segrevajte na srednje močnem ognju 3 minute. Dodajte kozico v eni plasti. Kuhajte 3 minute na vsako stran ali dokler kozica ni rožnata in ravnokar kuhana. Ne prekuhajte. Odstavite z ognja in vmešajte limetin sok.

## 38. Louisiana Shrimp Esplanade

**Sestavine**
- 24 velikih svežih kozic
- 12 unč masla
- 1 žlica pretlačenega česna
- 2 žlici Worcestershire omake
- 1 čajna žlička posušenega timijana
- 1 čajna žlička posušenega rožmarina
- 1/2 čajne žličke posušenega origana
- 1/2 čajne žličke zdrobljene rdeče paprike
- 1 čajna žlička kajenskega popra
- 1 čajna žlička črnega popra
- 8 unč piva
- 4 skodelice kuhanega belega riža
- 1/2 skodelice drobno sesekljane čebulice

**Navodila**
a) Kozico operemo in pustimo v oklepu. V veliki ponvi stopite maslo in vanj stresite česen, worcestrsko omako in začimbe.
b) Dodamo kozice in ponev stresemo, da se kozice potopijo v maslo, nato jih na srednje močnem ognju pražimo 4 do 5 minut, da postanejo rožnate.
c) Nato prilijemo pivo in mešamo še minuto, nato odstavimo z ognja. Kozice olupimo in razrežemo ter razporedimo po riževi posteljici. Na vrh prelijemo sok iz ponve in okrasimo s sesekljano kapesatovo čebulo.
d) Postrezite takoj.

## 39. Malibu Stir Fry kozice

**Sestavine**
- 1 žlica arašidovega olja
- 1 žlica masla
- 1 žlica mletega česna
- 1 funt srednje velike kozice, oluščene in razrezane
- 1 skodelica narezanih gob
- 1 šopek narezanih kapesant
- 1 rdeča sladka paprika, brez semen, narezana na tanke 2" trakove
- 1 skodelica svežega ali zamrznjenega graha
- 1 skodelica ruma Malibu
- 1 skodelica težke smetane
- 1/4 skodelice sesekljane sveže bazilike
- 2 žlički mlete čilijeve paste
- Sok 1/2 limete
- Sveže mleti črni poper
- 1/2 skodelice naribanega kokosa
- 1 funt fettuccina, kuhanega

**Navodila**

a) V veliki ponvi na močnem ognju segrejte olje in maslo. Dodajte česen za 1 minuto. Dodamo kozico, kuhamo 2 minuti, da postane rožnata. Dodamo zelenjavo in pražimo 2 minuti.

b) Dodamo rum in dušimo 2 minuti. Dodamo smetano in dušimo 5 minut. Dodajte preostale začimbe. Potresemo s kokosom in kuhanimi testeninami.

## 40. Pečene kozice

**Sestavine**
- 4 funte neolupljenih velikih svežih kozic ali 6 funtov kozic z glavami
- 1/2 skodelice masla
- 1/2 skodelice olivnega olja
- 1/4 skodelice čilijeve omake
- 1/4 skodelice Worcestershire omake
- 2 limoni, narezani
- 4 stroki česna, sesekljani
- 2 žlici kreolske začimbe
- 2 žlici limoninega soka
- 1 žlica sesekljanega peteršilja
- 1 čajna žlička paprike
- 1 čajna žlička origana
- 1 čajna žlička mlete rdeče paprike
- 1/2 čajne žličke pekoče omake
- Francoski kruh

**Navodila**

a) Razporedite kozice v plitev ponev za brojlerje, obloženo z aluminijasto folijo.

b) V kozici na šibkem ognju združite maslo in naslednjih 12 sestavin, mešajte, dokler se maslo ne stopi, in prelijte čez kozico. Pokrijte in ohladite 2 uri, kozico pa vsakih 30 minut obrnite.

c) Pečemo nepokrito pri 400 stopinjah F 20 minut; obrnite enkrat.

d) Postrezite s kruhom, zeleno solato in koruznimi storži za popoln obrok.

## 41. Res kul solata s kozicami

**Sestavine**
- 2 lbs. Srednja kozica
- 1 skodelica čudežnega biča
- 1/2 skodelice zelene čebule
- 1 zelena paprika
- 1 majhna glava zelene solate
- 1 srednji paradižnik
- 1/2 skodelice sira mozzarella

**Navodila**
a) Kozice olupimo, izluščimo in skuhamo. Solato, papriko, paradižnik, zeleno čebulo in kozice nasekljamo in zmešamo v skledi... Mocarelo natrgamo in dodamo solati.
b) Dodamo čudežno metlico in dobro premešamo.

## 42. M-80 kamnita kozica

## M-80 omaka

- 1 žlica koruznega škroba
- 1 skodelica vode
- 1 skodelica sojine omake
- 1 skodelica svetlo rjavega sladkorja
- 1 žlica sambal čilijeve paste
- skodelica sveže iztisnjenega pomarančnega soka 1 serrano čili, drobno narezan
- drobno sesekljan strok česna (približno 1 žlica)
- En dva palca velik kos svežega ingverja, ostrgan/olupljen in drobno narezan

## Slaw

- glavnato zeleno zelje, narezano na tanke rezine (približno 1½ skodelice)
- glavnato rdeče zelje, narezano na tanke rezine (približno 1½ skodelice)
- srednji korenček, tanko narezan na 2-palčne kose
- srednja rdeča paprika, narezana na tanke rezine
- srednja rdeča čebula, narezana na tanke rezine
- 1 strok česna, narezan na tanke rezine
- 1 Serrano čili, narezan na tanke rezine
- Listi bazilike, narezani na tanke rezine

**kozica**

- Rastlinsko olje
- 2 funta kozic (ali nadomestite kozice 16-20 count, narezane na majhne kocke) 1 skodelica pinjenca
- 3 skodelice večnamenske moke
- Črna in bela sezamova semena
- 1 žlica zelene čebule, narezane na tanke rezine
- Cilantro listi

**Navodila**

a) Pripravite omako M-80: V majhni skledi zmešajte koruzni škrob in vodo. Odložite.
b) V manjši kozici zmešajte sojino omako, rjavi sladkor, čilijevo pasto, pomarančni sok, čili, česen in ingver ter omako zavrite. Znižajte ogenj in pustite vreti 15 minut. Vmešajte mešanico koruznega škroba in vode ter omako ponovno zavrite.
c) Pripravite solato: V srednje veliki skledi stresite zeleno in rdeče zelje, korenček, rdečo papriko, čebulo, česen, čili in baziliko. Odložite.
d) Naredite kozico: V srednje veliki ponvi, ki jo postavite na močan ogenj, dodajte toliko olja, da pride do polovice lonca; segrevajte, dokler olje ne doseže 350° (za merjenje temperature

uporabite termometer). Skalno kozico dajte v veliko skledo in jih prelijte s pinjencem.

e) Z rešetkasto žlico odstranimo kozico, odcedimo odvečni pinjenec in v posebni skledi kozico stresemo k moki. Kozico pražimo 1 do $1\frac{1}{2}$ minute.

## 43. Zdravica mesta

## Sestavine

- Dvanajst kozic 16-20, brez rezin in lupin
- Sol in sveže mlet črni poper
- 2 avokada
- 2 žlici limetinega soka (približno 1 srednje velike limete), razdeljeno
- 2 žlici drobno sesekljanega cilantra
- 2 čajni žlički drobno sesekljanega jalapeña (približno 1 srednji jalapeño)
- 1 grenivka
- 1 majhna bageta, narezana na $\frac{1}{4}$-palčne rezine
  Ekstra deviško oljčno olje
- Sol in sveže mlet črni poper $\frac{1}{4}$ skodelice pistacij, opečenih in sesekljanih

## Navodila

a) Kozico preložimo na manjši krožnik in jo začinimo s soljo in poprom. Avokado po dolžini zarežemo okoli peščic in jim odstranimo pečke. Meso avokada prerežite v obliki prečke in z žlico zajemajte meso avokada v srednje veliko skledo. Zmešajte avokado z $1\frac{1}{2}$ žlice limetinega soka ter cilantro in jalapeño.

b) Z nožem odstranite lupino in morebitno sredico z mesa grenivke in zarežite vzdolž membran, da odstranite koščke. Odložite.

c) Rezine bagete namažite z olivnim oljem ter začinite s soljo in poprom. Rezine bagete položite v opekač kruha in jih pražite do zlato rjave barve.

d) V srednje veliki ponvi na srednjem ognju segrejte 1½ žlice olivnega olja in dodajte kozice. Pecite eno minuto na eni strani, nato obrnite in pecite dodatnih 30 sekund na drugi strani. Kozico prestavimo v skledo in prelijemo s preostalo ½ žlice limetinega soka.

e) Sestavljanje: Na vsako rezino bagete razporedite 2 žlici mešanice avokada. Na vrh položite en ali dva kosa kozic in košček grenivke. Po vrhu potresemo pistacije in takoj postrežemo.

## 44. Škampi a la Plancha čez popečene kruhke z žafranovim Alliolijem

Izkoristek: za 4 porcije

**Sestavine**
**Aioli**
- Velik ščepec žafrana
- 2 velika rumenjaka
- 1 strok česna, drobno sesekljan
- 2 žlički košer soli
- 3 skodelice ekstra deviškega oljčnega olja, po možnosti španskega
- 2 žlički limoninega soka, po potrebi še več

**kozica**
- Štiri ½ palca debele rezine podeželskega kruha
- 2 žlici ekstra deviškega oljčnega olja
- 1½ funta jumbo 16/20-count peel-on kozic
- Košer sol
- 2 limoni, prepolovljeni
- 3 stroki česna, drobno sesekljani
- 1 čajna žlička sveže mletega črnega popra
- 2 skodelici suhega šerija
- 3 žlice grobo sesekljanega ploščatega peteršilja

**Navodila**

a) Pripravite aioli: V majhni ponvi na srednjem ognju pražite žafran, dokler ni krhek, 15 do 30 sekund. Obrnite ga na manjši krožnik in ga s hrbtno stranjo žlice zmečkajte. V srednje veliko skledo dodajte žafran, jajčne rumenjake, česen in sol ter močno mešajte, dokler se dobro ne premeša. Začnite dodajati nekaj kapljic oljčnega olja naenkrat, med dodajanjem temeljito mešajte, dokler se aioli ne začne zgoščevati, nato pa preostalo olje nakapajte v mešanico v zelo počasnem in enakomernem curku ter mešajte aioli, dokler ni gost in kremast.

b) Dodajte limonin sok, okusite in po potrebi dopolnite z več limoninega soka in soli. Prenesite v majhno skledo, pokrijte s plastično folijo in ohladite.

c) Pripravite toaste: rešetko pečice nastavite v skrajni zgornji položaj, brojlerja pa na visoko. Rezine kruha položite na obrobljen pekač in obe strani kruha namažite z 1 žlico olja. Kruh pražite do zlato rjave barve, približno 45 sekund. Kruh obrnite in popecite še drugo stran (pozorno opazujte brojlerja, saj se intenzivnost brojlerjev spreminja), 30 do 45 sekund dlje. Kruh vzamemo iz pečice in vsako rezino položimo na krožnik.

d) V večjo skledo damo kozico. Z nožem za lupljenje naredite plitvo zarezo po ukrivljenem hrbtu kozice, tako da odstranite žilo in pustite lupino nedotaknjeno. Veliko ponev z debelim dnom segrevajte na srednje močnem ognju, dokler se skoraj ne začne kaditi, 1½ do 2 minuti. Dodamo še preostalo 1 žlico olja in kozico. Po kozici potresemo dober ščepec soli in sok polovice limone ter kuhamo, dokler se kozica ne začne zvijati in robovi lupine porjavijo, 2 do 3 minute.

e) S kleščami obrnite kozico, potresite z več soli in sokom druge polovice limone ter kuhajte, dokler kozica ni svetlo rožnata, približno 1 minuto dlje.

f) Na sredini ponve naredite vdolbino in vanjo stresite česen in črni poper; ko česen zadiši, po približno 30 sekundah dodajte šeri, zavrite in mešanico česna in šerija stresite v kozico. Kuhamo, mešamo in strgamo rjave koščke z dna ponve v omako. Ugasnite ogenj in stisnite sok druge polovice limone. Preostalo polovico limone narežite na rezine.

g) Vrh vsake rezine kruha namažite z izdatno žlico žafranovega aiolija. Kozico razdelite na krožnike in vsako porcijo prelijte z nekaj omake. Potresemo s peteršiljem in postrežemo z rezinami limone.

**45. Kari iz kozic z gorčico**

**Sestavine:**

- 1 lb kozice
- 2 žlici olja
- 1 čajna žlička kurkume
- 2 žlici gorčice v prahu
- 1 čajna žlička soli
- 8 zelenih čilijev

**Navodila**

a) Naredite pasto iz gorčice v enaki količini vode. V ponvi proti prijemanju segrejemo olje in na njem vsaj pet minut pražimo gorčično pasto in kozice ter prilijemo 2 skodelici mlačne vode.

b) Zavremo in dodamo kurkumo in sol ter zeleni čili. Na srednje nizkem ognju kuhamo še petindvajset minut.

## 46. Kari s kozicami

**Sestavine:**

- 1 lb kozice, olupljene in razrezane
- 1 čebula, pretlačena
- 1 čajna žlička ingverjeve paste
- 1 čajna žlička česnove paste
- 1 paradižnik, pire
- 1 čajna žlička kurkume v prahu
- 1 čajna žlička čilija v prahu
- 1 čajna žlička kumine v prahu
- 1 čajna žlička koriandra v prahu
- 1 čajna žlička soli ali po okusu
- 1 čajna žlička limoninega soka
- Listi koriandra/koriandra
- 1 žlica olja

**Navodila**

a) V ponvi proti prijemanju segrejte olje in na srednje nizki temperaturi pet minut pražite čebulo, paradižnik, ingver in česen, skupaj s kumino in koriandrom v prahu ter listi cilantra/koriandra.
b) Dodamo kozice, kurkumo in čili v prahu ter sol in pol skodelice mlačne vode ter kuhamo na srednje nizki temperaturi petindvajset minut.

Ponev naj bo pokrita s pokrovom. Dobro premešamo, da se kozica poveže z začimbami. Pred serviranjem začinite z limoninim sokom, okrasite s cilantrom/koriandrom.

## 47. Škampi v česnovi omaki

**Sestavine**
- 12 strokov česna, grobo sesekljanih
- 1 skodelica rastlinskega olja
- 1/4 skodelice (1/2 palčke) nesoljenega masla
- 1 1/2 funta svežih kozic, olupljenih, brez žil in metuljev (repi naj ostanejo nedotaknjeni)

**Navodila**
a) V veliki ponvi na srednje vročem olju (približno 300 stopinj F) prepražite česen do svetlo rjave barve. Pazljivo pazite, da se ne zažgete. Po približno 6 do 8 minutah na hitro vmešamo maslo in takoj odstavimo z ognja. Ko dodamo vse maslo, bodo koščki postali hrustljavi. Odstranite jih z žlico z režami, olje in maslo pa prihranite za praženje kozic.

b) V veliki ponvi segrejte približno 2 do 3 žlice prihranjenega olja in nato približno 5 minut dušite kozico. Na kratko obrnite in nato odstranite. Dodajte več olja, kolikor je potrebno, da prepražite vse kozice. Sol po okusu. Okrasite s koščki česna in peteršiljem. Postrezite z mehiškim rižem.

c) Poskusite s česnovim oljem namazati francoski kruh, nato ga potresite s peteršiljem in popecite.

d) To postrezite s kozicami in jed pospremite s solato iz zelene solate in paradižnika.

### 48. Škampi v gorčično smetanovi omaki

**Sestavine**
- 1 funt velika kozica
- 2 žlici rastlinskega olja
- 1 šalotka, mleta
- 3 žlice suhega belega vina
- 1/2 skodelice težke smetane ali smetane za stepanje
- 1 žlica dijonske gorčice s semeni
- Sol, po okusu

**Navodila**
a) Škampi v lupini in devein. V 10-palčni ponvi na srednjem ognju kuhajte šalotko v vročem olju 5 minut in pogosto mešajte. Povečajte toploto na srednje visoko. Dodajte kozice. Med pogostim mešanjem kuhajte 5 minut ali dokler kozica ne postane rožnata. Odstranite kozico v skledo. Dodajte vino k kapljicam v ponvi.
b) Na srednjem ognju kuhamo 2 minuti. Dodamo smetano in gorčico. Kuhajte 2 minuti. Vrnite kozice v ponev. Mešajte, dokler se ne segreje. Sol po okusu.
c) Postrezite na vročem, kuhanem rižu.
d) Služi 4.

## 49. Gazpačo

## Sestavine

- 2 stroka česna
- 1/2 rdeče čebule
- 5 romskih paradižnikov
- 2 stebli zelene
- 1 velika kumara
- 1 bučka
- 1/4 skodelice ekstra deviškega oljčnega olja
- 2 žlici rdečega vinskega kisa
- 2 žlici sladkorja Nekaj žlic pekoče omake Ščetek soli
- Dash črni poper
- 4 skodelice kakovostnega paradižnikovega soka
- 1 funt kozic, olupljenih in brez rezin avokada, za serviranje
- 2 trdo kuhani jajci, drobno mleti Sveži listi cilantra, za serviranje Hrustljav kruh, za serviranje

## Navodila

a) Česen sesekljajte, čebulo narežite na rezine, paradižnik, zeleno, kumaro in bučko pa na kocke. Ves česen, vso čebulo, polovico preostale narezane zelenjave in olje stresite v posodo kuhinjskega robota ali, če želite, mešalnika.

b) Vlijte kis in dodajte sladkor, pekočo omako, sol in poper. Na koncu vlijemo 2 skodelici paradižnikovega soka in dobro premešamo. V bistvu boste imeli paradižnikovo osnovo s čudovitimi konfeti zelenjave.
c) Zmešano zmes vlijemo v veliko skledo in dodamo drugo polovico na kocke narezane zelenjave. Zmešajte skupaj. Nato vmešajte preostali 2 skodelici paradižnikovega soka. Poskusite in se prepričajte, da so začimbe prave. Po potrebi prilagodite. Po možnosti eno uro ohladite.
d) Kozico spečemo na žaru ali dušimo, da postane neprozorna. Odložite. Juho nadevamo v sklede, dodamo pečene kozice in okrasimo z rezinami avokada, jajcem in listi korianderja. Postrezite s hrustljavim kruhom ob strani.

## 50. Kozica Linguine Alfredo

**Sestavine**
- 1 (12 unč) paket testenin linguine
- 1/4 skodelice masla, stopljenega
- 4 žlice narezane čebule
- 4 čajne žličke mletega česna
- 40 majhnih kozic, olupljenih in razrezanih
- 1 skodelica pol-pol
- 2 žlički mletega črnega popra
- 6 žlic naribanega parmezana
- 4 vejice svežega peteršilja
- 4 rezine limone, za okras

**Navodila**
a) Testenine skuhajte v velikem loncu z vrelo vodo, dokler niso al dente; odtok. Medtem v veliki kozici stopite maslo. Na zmernem ognju prepražimo čebulo in česen, dokler se ne zmehčata. Dodamo kozice; med stalnim mešanjem pražimo na močnem ognju 1 minuto. Mešajte pol-pol.
b) Ob stalnem mešanju kuhamo toliko časa, da se omaka zgosti. Testenine položite v servirni krožnik in jih prelijte z omako iz kozic. Potresemo s črnim poprom in parmezanom.
c) Okrasite s peteršiljem in rezinami limone.

51. Kozica Marinara

## Sestavine
- 1 (16 oz.) pločevinka paradižnika, narezanega
- 2 žlici mletega peteršilja
- 1 strok česna, sesekljan
- 1/2 čajne žličke posušene bazilike
- 1 čajna žlička soli
- 1/4 čajne žličke popra
- 1 čajna žlička posušenega origana
- 1 (6 oz.) pločevinka paradižnikove paste
- 1/2 čajne žličke začinjene soli
- 1 lb kuhane oluščene kozice
- Nariban parmezan
- Kuhani špageti

## Navodila
a) V lončeni posodi zmešajte paradižnik s peteršiljem, česnom, baziliko, soljo, poprom, origanom, paradižnikovo pasto in začinjeno soljo. Pokrijte in kuhajte na nizki temperaturi 6 do 7 ur.
b) Obrnite regulator na visoko, vmešajte kozice, pokrijte in kuhajte na visoki temperaturi še 10 do 15 minut. Postrezite čez kuhane špagete.
c) Po vrhu potresemo s parmezanom.

## 52. Newburgh kozica

**Sestavine**
- 1-kilogramska kozica, kuhana, razrezana
- 4 unče pločevinke gob
- 3 trdo kuhana jajca, olupljena in narezana
- 1/2 skodelice parmezana
- 4 žlice masla
- 1/2 čebule, sesekljane
- 1 strok česna, sesekljan
- 6 žlic moke
- 3 skodelice mleka
- 4 žlice suhega šerija
- Worcestershire omaka
- Sol in poper
- Tabasco omaka

**Navodila**
a) Pečico segrejte na 375 stopinj F.
b) Stopite maslo in nato prepražite čebulo in česen, dokler se ne zmehčata. Dodajte moko. Dobro premešamo. Med nenehnim mešanjem postopoma dodajamo mleko. Kuhamo toliko časa, da se omaka zgosti. Dodajte šeri in začimbe po okusu.
c) V ločeni skledi zmešajte kozice, gobe, jajca in peteršilj. Dodajte omako skupaj s 1/4 skodelice sira v mešanico kozic. Dobro premešamo.
d) Mešanico vlijemo v 2-litrski pekač in potresemo s preostalim sirom. Pokapajte z maslom.
e) Pečemo 10 minut, dokler na vrhu rahlo ne porjavi.

## 53. Začinjene marinirane kozice

## Sestavine
- 2 lbs. Velika kozica, olupljena in razrezana
- 1 čajna žlička soli
- 1 limona, prerezana na pol
- 8 skodelic vode
- 1 skodelica belega vinskega kisa ali pehtranovega kisa
- 1 skodelica olivnega olja
- 1-2 Serrano čilija (več ali manj, odvisno od okusa), brez semen in žil, drobno mleta
- ¼ skodelice svežega cilantra, sesekljanega
- 2 velika stroka česna, sesekljana ali pretlačena skozi stiskalnik česna
- 2 žlički svežega cilantra, sesekljanega (po želji)
- 3 zelene čebule (samo beli del), sesekljane
- Sveže mleti črni poper, po okusu

## Navodila
a) Zmešajte vodo, sol in polovice limon v nizozemski pečici in zavrite. Dodamo kozico, premešamo in počasi kuhamo 4-5 minut. Odstranite z ognja in odcedite.
b) Zmešajte kis, oljčno olje, čili, koriander in česen v veliki plastični vrečki z zadrgo ali drugi plastični posodi. Dodamo kuhane kozice in postavimo v hladilnik za 12 ur ali čez noč ter večkrat obrnemo.
c) Za serviranje iz kozic odlijemo tekočino. V veliki skledi zmešajte ohlajene kozice z dodatnim koriandrom, zeleno čebulo in črnim

poprom ter dobro premešajte. Razporedite v servirni krožnik in takoj postrezite.

## 54. Začinjene singapurske kozice

**Sestavine**
- 2 funta velika kozica
- 2 žlici kečapa
- 3 žlice Sriracha
- 2 žlici limoninega soka
- 2 žlici sojine omake
- 1 žlica sladkorja
- 2 srednje velika jalapeña, brez semen in zmleta
- bela čebulica 1 stebla limonske trave, mleto
- 1 žlica svežega ingverja, mletega
- 4 čebulice, narezane na tanke rezine
- 1/4 skodelice cilantra, sesekljanega

**Navodila**

a) Zmešajte kečap, kis (če uporabljate), čili omako, limonin sok, sojino omako in sladkor.

b) V veliki ponvi segrejte malo rastlinskega olja in na močnem ognju prepražite kozico. Ko začnejo postajati rožnate, jih obrnite.

c) Dodajte še malo olja in jalapeño, česen, limonsko travo in ingver. Pogosto mešajte, dokler se mešanica ne segreje. Opozorilo: slastno bo dišalo. Poskusite ne izgubiti pozornosti.

d) V ponvi 30 sekund med mešanjem pražimo mlado čebulo in mešanico kečapa, nato pa vmešamo sesekljan koriander. Kozico postrezite z rižem.

## 55. Starlight kozica

**Sestavine**

- 6 skodelic vode
- 2 žlici soli
- 1 limona, prepolovljena
- 1 steblo zelene, narezano na 3 cm velike kose
- 2 lovorjeva lista
- Kanček kajenskega popra
- 1/4 skodelice peteršilja, mletega
- 1 paket rarogov/rakov/kozic skuhajte
- 2 lbs. neolupljene kozice, sveže ulovljene v Mobile Bayu
- 1 posoda koktajl omake

**Navodila**
a) Odrežite glave kozic.
b) Zmešajte prvih 8 sestavin v velikem loncu ali pečici. Zavremo. Dodajte kozice v lupinah in kuhajte približno 5 minut, dokler ne postanejo rožnate. Dobro odcedimo s hladno vodo in ohladimo.
c) Kozice olupimo in odstranimo, nato pa shranimo v ohlajen hladilnik.
d)

# HOBOTNICA

## 56. Hobotnica v rdečem vinu

**Sestavine**

- 1 kg (2,25 lb) mlade hobotnice
- 8 žlic oljčnega olja
- 350 g (12 oz) majhne čebule ali šalotke 150 ml (0,25 pinta) rdečega vina 6 žlic rdečega vinskega kisa
- 225 g (8 oz) paradižnikov v pločevinkah, grobo narezanih 2 žlici paradižnikove mezge
- 4 lovorjeve liste
- 2 žlički posušenega origana
- črni poper
- 2 žlici sesekljanega peteršilja

**Navodila**

a) Najprej očistite hobotnico. Izvlecite lovke, odstranite in zavrzite črevesje in črnilno vrečko, oči in kljun. Hobotnici olupite kožo in jo temeljito operite ter skrtačite, da odstranite morebitne sledi peska. Narežite ga na 4-5 cm (1,5-2 palca) kose in ga postavite v ponev na zmeren ogenj, da izpusti tekočino. Hobotnico mešajte, dokler ta tekočina ne izhlapi. Prelijemo z oljem in premešamo hobotnico, da se zapre z vseh strani. Dodamo cele čebule in jih med enkratnim ali dvakratnim mešanjem pražimo, da se rahlo obarvajo.

b) Dodamo vino, kis, paradižnik, paradižnikovo mezgo, lovorjev list, origano in nekaj mletega popra. Dobro premešamo, ponev pokrijemo in na zelo tihem vrenju dušimo 1-1,25 ure, občasno preverimo, da se omaka ni izsušila. Če se – in to bi se zgodilo le, če bi bila toplota previsoka – dodajte še malo vina ali vode. Hobotnica je pečena, ko jo zlahka prebodemo z nabodalom.

c) Omaka mora biti gosta, kot tekoča pasta. Če se kaj tekočine izloči, s ponve odstranimo pokrov, rahlo povečamo ogenj in mešamo, dokler del tekočine ne izhlapi in se omaka zgosti. Lovorjeve liste zavrzite in vmešajte peteršilj. Omako poskusite in po potrebi začinite. Po želji postrezite z rižem in solato. Grški bistveni kruh je podeželski kruh, ki pobriše omako.

SLUŽB 4-6

## 57. Vložena hobotnica

**Sestavine**

- 1 kg (2,25 lb) mlade hobotnice
- približno 150 ml (0,25 litra) oljčnega olja
- približno 150 ml (0,25 litra) rdečega vinskega kisa 4 stroki česna

- sol in črni poper 4-6 stebel timijana ali 1 čajna žlička posušenega timijana limonine rezine, za serviranje

**Navodila**

a) Pripravite in operite hobotnico (kot hobotnico v rdečem vinu). Glavo in lovke položite v ponev s 6-8 žlicami vode, pokrijte in dušite 1-1,25 ure, dokler se ne zmehča. Preizkusite z nabodalom. Odcedite preostalo tekočino in pustite, da se ohladi.

b) Meso narežite na 12 mm (0,5 palca) trakove in jih ohlapno zapakirajte v kozarec z navojem. Zmešajte toliko olja in kisa, da napolnite kozarec – točna količina bo odvisna od relativne količine morskih sadežev in posode – vmešajte česen ter začinite s soljo in poprom. Če uporabljate posušen timijan, ga na tej stopnji zmešajte s tekočino. Z njo prelijemo hobotnico in pazimo, da je vsak kos popolnoma potopljen. Če uporabimo timijanova stebla, jih potisnemo v kozarec.

c) Kozarec pokrijte in pred uporabo postavite na stran vsaj 4-5 dni.

d) Za serviranje hobotnico odcedite in jo servirajte na majhnih krožnikih ali krožničkih z rezinami limone.

e) Običajna priloga so kocke vsaj en dan starega kruha, nabodene na koktajl palčke.

SLUŽBE 8

## 58. Hobotnica, kuhana v vinu

**Sestavine**

- 1 3/4 lbs. hobotnica (odmrznjena)
- 4 žlice. olivno olje
- 2 veliki čebuli narezani
- sol in poper
- 1 lovorjev list
- 1/4 skodelice suhega belega vina

**Navodila**

a) Odstranite glavo hobotnice. čisto. Umijte si roke.

b) Hobotnico narežemo na grižljaj velike kose.

c) Kuhajte na oljčnem olju na srednjem ognju približno 10 minut in redno obračajte.

d) Dodamo čebulo, začimbe in vino. Pokrijte in rahlo dušite, dokler se hobotnica ne zmehča, približno 15 minut.

Služi 4

## 59. Sicilijanska mlada hobotnica na žaru

ZA 4 PORCIJE

**Sestavine**

- 2½ funta očiščene in zamrznjene mlade hobotnice
- 2 skodelici polnega rdečega vina, npr
- Modri pinot ali cabernet sauvignon
- 1 majhna čebula, narezana
- 1 čajna žlička črnega popra v zrnu
- žlička celih nageljnovih žbic
- 1 lovorjev list
- 1 skodelica sicilijanske marinade citrusov
- ¾ skodelice izkoščičenih in grobo narezanih sicilijanskih ali Cerignola zelenih oliv
- 3 unče listov mlade rukole
- 1 žlica sesekljane sveže mete
- Groba morska sol in sveže mlet črni poper

**Navodila**

a) Hobotnico oplaknemo, nato pa damo v lonec za juho z vinom in toliko vode, da je pokrita. Dodamo čebulo, poper v zrnu, nageljnove žbice in lovorjev list. Zavremo na močnem ognju, nato zmanjšamo ogenj na srednje nizko, pokrijemo in počasi kuhamo, dokler hobotnica ni dovolj mehka, da vanjo zlahka vstopi nož, 45 minut do 1 ure. Hobotnico odcedite in zavrzite tekočino ali precedite in rezervirajte za morsko osnovo ali rižoto. Ko je hobotnica dovolj ohlajena, da jo lahko uporabljate, ji odrežite lovke pri glavi.

b) Zmešajte hobotnico in marinado v 1-galonski vrečki z zadrgo. Iztisnite zrak, zaprite vrečko in postavite v hladilnik za 2 do 3 ure. Prižgite žar za neposredno srednje visoko temperaturo, približno $450\frac{1}{4}$F.

c) Hobotnico vzamemo iz marinade, osušimo in pustimo stati na sobni temperaturi 20 minut. Marinado precedite v ponev in na srednjem ognju zavrite. Dodamo olive in odstavimo z ognja.

d) Rešetko za žar namažemo in premažemo z oljem. Hobotnico pečemo neposredno na ognju, dokler ne dobi lepe oznake žara, 3 do 4 minute na vsako stran, pri čemer nežno pritiskamo na hobotnico, da se dobro zapeče. Rukolo razporedite po krožniku ali krožnikih in nanjo položite hobotnico. Na vsako porcijo dajte nekaj tople omake, vključno z dobro količino oliv. Potresemo z meto, soljo in črnim poprom.

e)

pokrovače

## 60. Lončena pita z morskimi sadeži

**Sestavine**
- 1/2 skodelice suhega belega vina
- 1 funt morske pokrovače, prerežite na pol, če je zelo velika
- 1 velik krompir za peko, olupljen in narezan na 1/2 inčne kocke
- 3 žlice masla, zmehčanega
- 1/2 skodelice olupljenega in mletega trpkega jabolka
- 1 večji korenček, mleto
- 1 rebro zelene, mleto
- 1 velika čebula, mleto
- 1 strok česna, mlet
- 1 1/2 skodelice piščančje juhe
- 1/4 skodelice težke smetane
- 2 žlici večnamenske moke
- 3/4 čajne žličke soli
- 1/2 čajne žličke sveže mletega belega popra Ščepec kajenskega popra
- 1 funt srednje velike kozice, oluščene in razrezane
- 1 skodelica koruznih zrn
- 1 majhen kozarec (3 1/2 unče) trakov pimienta
- 2 žlici mletega peteršilja
- Listnato pecivo

**Navodila**

a) V srednje nereaktivni ponvi na močnem ognju zavrite vino. Dodajte pokrovače in kuhajte, dokler niso popolnoma neprozorne, približno 1 minuto. Pokrovače odcedimo, tekočino pa pustimo. V drugi srednji ponvi z vrelo slano vodo kuhajte krompir, dokler se ne zmehča, 6 do 8 minut; odcedimo in odstavimo.

b) Pečico segrejte na 425 F. V veliki kozici na zmerno močnem ognju stopite 2 žlici masla. Dodajte jabolko, korenček, zeleno in čebulo ter kuhajte, dokler se mešanica ne zmehča in začne rjaveti, približno 6 minut. Dodamo česen in kuhamo še 1 minuto. Prilijemo piščančjo osnovo in povečamo ogenj. Kuhajte, dokler večina tekočine ne izhlapi, približno 5 minut.

c) Jabolčno-zelenjavno zmes prestavimo v kuhinjski robot. Pire do gladkega. Vrnite se v ponev in vmešajte prihranjeno tekočino pokrovače in smetano.

d) V majhni skledi zmešajte moko s preostalo 1 žlico masla, da nastane pasta. Kremo pokrovače na zmernem ognju zavremo. Postopoma vmešajte masleno pasto. Zavremo in mešamo, dokler

e)

## 61. Pečene pokrovače s česnovo omako

**Sestavine**
- 1 1/2 funta lovorjevih pokrovač, narezanih na polovice
- 3 stroki česna, pretlačeni
- 1/4 skodelice (1/2 palčke) margarine, stopljene
- 10 čvrstih belih gob, narezanih
- Rahel kanček čebulne soli
- Ščepec sveže naribanega popra
- 1/3 skodelice začinjenih krušnih drobtin
- 1 čajna žlička drobno mletega svežega peteršilja

**Navodila**

a) Pokrovače obrišite z vlažno papirnato brisačo. Stroke česna pretlačimo in dodamo margarini; dobro premešajte, da se zmeša. Hraniti na toplem. Na dno pekača vlijemo malo stopljene česnove omake; dodamo gobe in začinimo.

b) Na gobe položite pokrovače. Prihranite 1 žlico česnove omake in preostalo pokapajte na pokrovače.

c) Potresemo z drobtinami, peteršiljem in prihranjeno česnovo omako. Pecite v predhodno ogreti pečici na 375 stopinj F, dokler vrh ni lepo porjavel in mehurčkasto vroč.

## 62. Provansalske pokrovače

**Sestavine**
- 2 žlički olivnega olja
- 1 funt morske pokrovače
- 1/2 skodelice na kolobarje narezane čebule 1 strok česna, mlet
- 1 skodelica navadnih ali slivovih paradižnikov, narezanih na kocke
- 1/4 skodelice sesekljanih zrelih oliv
- 1 žlica posušene bazilike
- 1/4 čajne žličke posušenega timijana
- 1/8 čajne žličke soli
- 1/8 čajne žličke sveže mletega popra

**Navodila**
a) V veliki ponvi proti sprijemanju segrejte olivno olje na srednje močnem ognju. Dodajte pokrovače in pražite 4 minute ali dokler ni končano.
b) Odstranite pokrovače iz ponve z žlico z režami; odstavite in hranite na toplem.
c) V ponev dodamo čebulne obročke in česen ter pražimo 1–2 minuti. Dodajte paradižnik in preostale sestavine ter pražite 2 minuti ali dokler se ne zmehča.

Z žlico prelijte omako čez pokrovače

## 63. Pokrovače z belo masleno omako

**Sestavine**
- 750 g (1=lb.) pokrovač
- 1 skodelica belega vina
- 90 g (3 oz) snežnega graha ali tanko narezanega stročjega fižola
- nekaj drobnjaka za okras
- sol in sveže mlet poper
- malo limoninega soka
- 1 žlica sesekljane zelene čebule 125 g (4 oz)
- na koščke narezano maslo

**Navodila**

a) Odstranite morebitne brade s pokrovač in jih nato operite. Previdno odstranite ikre in jih položite na papirnate brisače, da se posušijo. Začinimo s soljo in poprom.

b) Pokrovače in ikre poširamo v vinu in limoninem soku pribl. 2 minuti. Odstranite in hranite na toplem. Stročji grah za 1 minuto spustimo v vrelo slano vodo, odcedimo, enako storimo s fižolom, če ga uporabljamo.

c) Dodajte zeleno čebulo v tekočino za poširanje in zmanjšajte na približno 1/2 skodelice. Na rahlem ognju po malem dodajamo maslo in ga stepamo, da nastane omaka (konsistenca smetane).

d) Postrezite s hrustljavim kruhom, da pobrišete čudovito omako.

# VAKNJA

## 64. Vahnja z zeliščnim maslom

**Za 4 porcije**

**Sestavine**
**Zeliščno maslo:**

- 1 skodelica (2 palčki) nesoljenega masla, zmehčanega
- ½ skodelice ohlapno pakirane bazilike
- ½ skodelice ohlapno narezanega peteršilja
- ½ šalotke
- 1 majhen strok česna
- ½ čajne žličke soli
- 1/8 čajne žličke popra

**Karamelizirana čebula:**
- 1 žlica masla
- 2 veliki čebuli, narezani
- ½ čajne žličke soli
- ¼ čajne žličke sveže mletega črnega popra
- 2 žlici svežih listov timijana ali 1 čajna žlička posušenih
- 2 funta vahnje
- 3 paradižniki, narezani

**Navodila**

a) Zeliščno maslo naredite tako, da skupaj zmešate zmehčano maslo, baziliko, peteršilj, šalotko, česen, sol in poper.
b) Obrnite maslo na kos plastične folije in oblikujte maslo v poleno. Zavijte ga v plastično folijo in ohladite ali zamrznite. V srednji ponvi na srednje nizki vročini segrejte maslo in olje.
c) Dodajte čebulo in kuhajte, dokler se ne začne mehčati, občasno premešajte približno 15 minut.
d) Dodajte sol in poper; rahlo povišajte toploto in kuhajte do zlato rjave barve, občasno premešajte, 30 do 35 minut. Vmešajte timijan.
e) Pečico segrejte na 375°. Naoljite pekač velikosti 9 x 13 palcev.
f) Po dnu pekača razporedite čebulo, nato pa na čebulo položite vahnjo.
g) Vahnjo obložimo z narezanimi paradižniki.
h) Pečemo toliko časa, da je vahnja v sredini še malenkost neprozorna (približno 20 minut). Še naprej se bo kuhal, ko ga vzamete iz pečice.
i) Zeliščno maslo narežite na $\frac{1}{4}$-palčne medaljone in jih položite na paradižnik ter postrezite.

65. Cajun začinjena vahnja

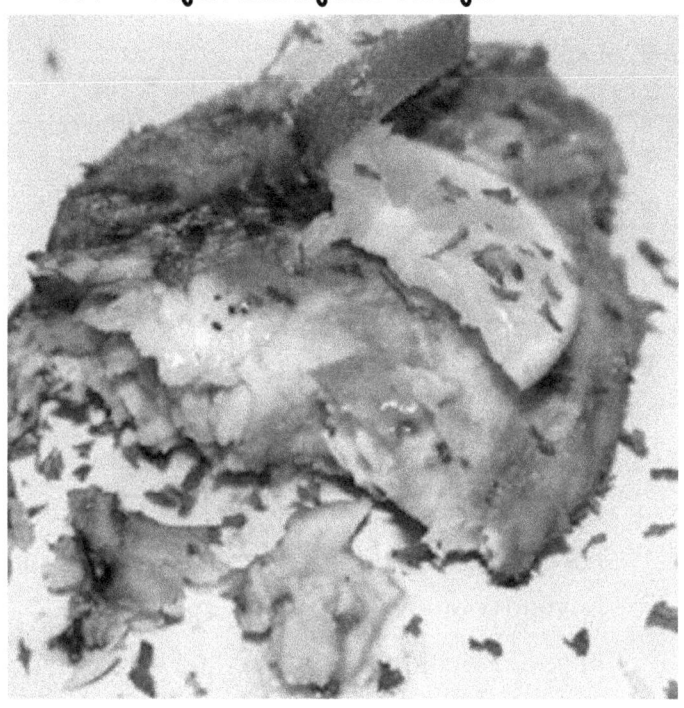

**Sestavine**
- 1 file vahnje
- Navadna moka
- 1 čajna žlička Cajun Spice
- 75 g ananasa, narezanega na kocke
- 1 mlada čebula
- 10 g rdeče čebule
- 10 g rdeče paprike
- 10 g olivnega olja

**Navodila**

a) Za salso narežite ananas na približno 1 cm velike kocke, na drobno narežite rdečo čebulo, 1 mlado čebulo ter praženo in olupljeno rdečo papriko. Dodamo olje in rdeči vinski kis ter pustimo v pokriti posodi na sobni temperaturi 1 uro.

b) Moko zmešamo z začimbo Cajun in premažemo začinjen vahnji file.

c) Vahnjo prepražimo v ponvi in postrežemo s salso.

## 66. Vahnja, por in krompirjeva juha

**Sestavine**
- 1/4 fileja vahnje
- 25 g narezanega pora
- 25 g na kocke narezanega krompirja
- 15 g narezane čebule
- 250 ml smetane
- 100 ml ribje osnove
- Sesekljan peteršilj

**Navodila**

a) Na ponvi prepražimo opran in narezan por.

b) Ko se por zmehča dodamo krompir in čebulo.

c) Ko je zelenjava topla, dodajte smetano in osnovo ter zavrite. Zavrite in dodajte sesekljano vahnjo.

d) Dušimo 10 minut in med serviranjem dodamo sesekljan peteršilj.

## 67. Dimljena vahnja in paradižnikov čatni

**Sestavine:**

- 3 x 175 g dimljenih filejev vahnje
- 30 majhnih že pripravljenih skodelic za tartlete

**Rarebit**

- 325 g močnega sira Cheddar
- 75 ml mleka
- 1 rumenjak
- 1 celo jajce
- 1/2 žlice gorčice v prahu
- 30 g navadne moke
- 1/2 čajne žličke Worcester omake, Tabasco omake
- 25 g svežih belih drobtin
- Začimba

**Paradižnikov Chutney**

- 15 g korenine ingverja
- 4 rdeči čiliji
- 2 kg rdečih paradižnikov
- 500 g jabolk, olupljenih in narezanih
- 200 g sultanij
- 400 g krhko sesekljane šalotke
- Sol
- 450 g rjavega sladkorja

- 570 ml sladnega kisa

**Navodila**

a) Vahnjo dobro začinimo in postavimo v pečico na malo olivnega olja ter pečemo približno 5-6 minut.

b) Sir naribamo in dodamo v ponev z mlekom ter rahlo segrevamo v ponvi, dokler se ne raztopi, odstavimo z ognja in ohladimo.

c) Dodajte celo jajce in rumenjak, gorčico, krušne drobtine in kanček Worcestra in Tabasca, začinite in pustite, da se ohladi.

d) Vahnjo narežite na kosmiče, da odstranite morebitne kosti, in položite čatni na dno tartov, na vrh pa naribano ribo. Žar segrejte na močan ogenj in vahnjo obložite z redkimi kosmiči ter položite pod žar, da se na vrhu zlato rjavo zapečejo.

e) Odstranite vahnjo z žara in takoj postrezite.

# LOSOS

## 68. Čarobni pečeni losos

(Naredi 1 porcijo)

**Sestavine**

- 1 file lososa
- 2 žlički Salmon Magic
- Nesoljeno maslo, stopljeno

**Navodila**

a) Pečico segrejte na 450 F.
b) Zgornji in stranski del lososovega fileja rahlo namažite s stopljenim maslom. Majhen pekač rahlo premažite s stopljenim maslom.
c) Zgornji del in stranice lososovega fileja začinite z Lososovo čarovnijo. Če je file debel, uporabite malo več Salmon Magic. Nežno pritisnite začimbo.
d) File položimo na pekač in pečemo toliko časa, da se po vrhu zlato rjavo zapeče in da je file ravno pečen. Da bi imeli vlažen rožnati losos, ga ne prekuhajte. Postrezite takoj.
e) Čas kuhanja: 4 do 6 minut.

## 69. Losos z granatnim jabolkom in kvinojo

Obroki: 4 obroki

**Sestavine**

- 4 fileji lososa brez kože
- $\frac{3}{4}$ skodelice soka granatnega jabolka, brez sladkorja (ali sorte z nizko vsebnostjo sladkorja)
- $\frac{1}{4}$ skodelice pomarančnega soka, brez sladkorja
- 2 žlici pomarančne marmelade/džema
- 2 žlici česna, mletega
- Sol in poper po okusu
- 1 skodelica kvinoje, kuhane po embalaži
- Nekaj vejic cilantra

**navodila :**

a) V srednje veliki skledi zmešajte sok granatnega jabolka, pomarančni sok, pomarančno marmelado in česen. Začinite s soljo in poprom ter prilagodite okus po želji.

b) Pečico segrejte na 400 F. Pekač namažemo z zmehčanim maslom. Lososa položite na pekač, med filejema pustite 1 cm prostora.

c) Lososa kuhajte 8-10 minut. Nato pekač previdno vzamemo iz pečice in vanj vlijemo mešanico granatnega jabolka. Prepričajte se, da je vrh lososa enakomerno prekrit z mešanico. Losos postavite nazaj v pečico in kuhajte še 5 minut oziroma dokler ni popolnoma kuhan in se mešanica granatnega jabolka ne spremeni v zlato glazuro.

d) Medtem ko se losos kuha, pripravimo kvinojo. Na zmernem ognju zavrite 2 skodelici vode in dodajte kvinojo. Kuhajte 5-8 minut oziroma dokler se voda ne vpije. Odstavimo z ognja, kvinojo prepražimo z vilicami in vrnemo pokrov. Pustite na preostalem ognju, da se kvinoja kuha še 5 minut.

e) Lososa, glaziranega z granatnim jabolkom, prenesite v servirni krožnik in potresite nekaj sveže sesekljanega cilantra. Lososa postrezite s kvinojo.

70. Pečen losos in sladki krompir

Obroki: 4 obroki

**Sestavine**

- 4 fileje lososa brez kože
- 4 srednje velike sladke krompirje, olupljene in narezane na 1 cm debele kose
- 1 skodelica cvetov brokolija
- 4 žlice čistega medu (ali javorjevega sirupa)
- 2 žlici pomarančne marmelade/džema
- 1 1-palčni svež svež ingver, nariban
- 1 čajna žlička dijonske gorčice
- 1 žlica sezamovih semen, opečenih
- 2 žlici nesoljenega masla, stopljenega
- 2 žlički sezamovega olja
- Sol in poper po okusu
- Mlada čebula/glava čebula, sveže sesekljana

**navodila :**

a) Pečico segrejte na 400 F. Pekač namažemo s stopljenim neslanim maslom.

b) V ponev položite narezan sladki krompir in cvetke brokolija. Rahlo začinite s soljo, poprom in žličko sezamovega olja. Prepričajte se, da je zelenjava rahlo premazana s sezamovim oljem.
c) Krompir in brokoli pečemo 10-12 minut.
d) Medtem ko je zelenjava še v pečici pripravimo sladko glazuro. V skledo za mešanje dodajte med (ali javorjev sirup), pomarančno marmelado, nariban ingver, sezamovo olje in gorčico.
e) Pekač previdno vzamemo iz pečice in zelenjavo razporedimo ob strani, da naredimo prostor za ribe.
f) Lososa rahlo začinite s soljo in poprom.
g) Lososove fileje položimo na sredino pekača in jih s sladko glazuro prelijemo preko lososa in zelenjave.
h) Ponev vrnite v pečico in pecite dodatnih 8-10 minut ali dokler se losos ne zmehča.
i) Prenesite lososa, sladki krompir in brokoli na lep servirni krožnik. Okrasite s sezamovimi semeni in mlado čebulo.

## 71. Pečen losos z omako iz črnega fižola

Obroki: 4 obroki

**Sestavine**

- 4 fileje lososa, odstraniti kožo in kosti
- 3 žlice omake iz črnega fižola ali česnove omake iz črnega fižola
- ½ skodelice piščančje juhe (ali zelenjavne juhe kot bolj zdrav nadomestek)
- 3 žlice česna, mletega
- 1 1-palčni svež svež ingver, nariban
- 2 žlici šerija ali sakeja (ali katerega koli vina za kuhanje)
- 1 žlica limoninega soka, sveže iztisnjenega
- 1 žlica ribje omake
- 2 žlici rjavega sladkorja
- ½ čajne žličke kosmičev rdečega čilija
- Sveži listi koriandra, drobno sesekljani
- Mlada čebula kot okras

**navodila :**

a) Velik pekač namastimo ali obložimo s peki papirjem. Pečico segrejte na 350 F.
b) V srednji skledi zmešajte piščančjo osnovo in omako iz črnega fižola. Dodajte mleti česen, nariban ingver, šeri, limonin sok, ribjo omako, rjavi sladkor in čilijeve kosmiče. Temeljito premešajte, dokler se rjavi sladkor popolnoma ne raztopi.
c) Lososove fileje prelijte z omako iz črnega fižola in pustite, da losos vsaj 15 minut popolnoma vpije mešanico črnega fižola.
d) Lososa prestavimo v pekač. Kuhajte 15-20 minut. Pazimo, da losos v pečici ne postane presuh.
e) Postrezite s sesekljanim koriandrom in mlado čebulo.

## 72. Paprika losos na žaru s špinačo

Obroki: 6 obrokov

**Sestavine**

- 6 filetov roza lososa, debeline 1 cm
- ¼ skodelice pomarančnega soka, sveže iztisnjenega
- 3 čajne žličke posušenega timijana
- 3 žlice ekstra deviškega oljčnega olja
- 3 žličke sladke paprike v prahu
- 1 čajna žlička cimeta v prahu
- 1 žlica rjavega sladkorja
- 3 skodelice listov špinače
- Sol in poper po okusu

**navodila :**

a) Fileje lososa rahlo premažite z nekaj oliv na vsaki strani, nato pa začinite s papriko v prahu, soljo in poprom. Pustite 30 minut na sobni temperaturi. Pustite, da losos vpije papriko.

b) V manjši skledi zmešajte pomarančni sok, posušen timijan, cimet v prahu in rjavi sladkor.

c) Pečico segrejte na 400 F. Lososa prenesite v pekač, obložen s folijo. V marinado vlijemo lososa. Lososa kuhajte 15-20 minut.
d) V veliko ponev dodajte čajno žličko ekstra deviškega olivnega olja in kuhajte špinačo približno nekaj minut ali dokler ne oveni.
e) Pečenega lososa postrežemo s špinačo zraven.

## 73. Teriyaki z lososom z zelenjavo

Obroki: 4 obroki

**Sestavine**

- 4 fileje lososa, odstraniti kožo in kosti
- 1 velik sladki krompir (ali preprosto krompir), narezan na grižljaje
- 1 velik korenček, narezan na grižljaj
- 1 velika bela čebula, narezana na kolesca
- 3 velike paprike (zelena, rdeča in rumena), sesekljane
- 2 skodelici cvetov brokolija (lahko jih nadomestite s šparglji)
- 2 žlici ekstra deviškega oljčnega olja
- Sol in poper po okusu
- Mlada čebula, drobno sesekljana
- Teriyaki omaka
- 1 skodelica vode
- 3 žlice sojine omake
- 1 žlica česna, mletega
- 3 žlice rjavega sladkorja
- 2 žlici čistega medu
- 2 žlici koruznega škroba (raztopljenega v 3 žlicah vode)
- ½ žlice praženih sezamovih semen

**navodila :**

a) V majhni ponvi na majhnem ognju zmešajte sojino omako, ingver, česen, sladkor, med in vodo. Nenehno mešamo, dokler zmes počasi ne zavre. Vmešajte vodo s koruznim škrobom in počakajte, da se zmes zgosti. Dodajte sezamova semena in odstavite.

b) Velik pekač namastite z neslanim maslom ali pršilom za kuhanje. Pečico segrejte na 400 F.

c) V veliko skledo stresite vso zelenjavo in jo pokapajte z oljčnim oljem. Dobro premešajte, dokler ni zelenjava dobro prekrita z oljem. Začinimo s sveže mletim poprom in malo soli. Zelenjavo prestavimo v pekač. Zelenjavo razporedite ob straneh in pustite nekaj prostora na sredini pekača.

d) Na sredino pekača položimo lososa. K zelenjavi in lososu prilijemo 2/3 teriyaki omake.

e) Lososa pečemo 15-20 minut.

f) Pečenega lososa in pečeno zelenjavo preložimo na lep servirni krožnik.

Prelijemo s preostalo teriyaki omako in okrasimo s sesekljano mlado čebulo.

## 74. Losos na azijski način z rezanci

Obroki: 4 obroki

**Sestavine**

**Losos**

- 4 fileje lososa brez kože
- 2 žlici praženega sezamovega olja
- 2 žlici čistega medu
- 3 žlice svetle sojine omake
- 2 žlici belega kisa
- 2 žlici česna, mletega
- 2 žlici svežega naribanega ingverja
- 1 čajna žlička praženih sezamovih semen
- Sesekljana mlada čebula za okras

**Riževi rezanci**

- 1 paket azijskih riževih rezancev

**omaka**

- 2 žlici ribje omake
- 3 žlice limetinega soka, sveže iztisnjenega
- Čilijevi kosmiči

**navodila :**

a) Za lososovo marinado zmešajte sezamovo olje, sojino omako, kis, med, sesekljan česen in sezamova semena. Nalijte v lososa in pustite, da se ribe marinirajo 10-15 minut.
b) Lososa položimo v pekač, ki smo ga rahlo namastili z olivnim oljem. Kuhajte 10-15 minut pri 420F.
c) Medtem ko je losos v pečici, skuhajte riževe rezance v skladu z navodili na embalaži. Dobro odcedite in prenesite v posamezne sklede.
d) Zmešajte ribjo omako, limetin sok in čilijeve kosmiče ter vlijte k riževim rezancem.
e) Vsako skledo z rezanci napolnite s sveže pečenimi lososovimi fileji. Okrasite s mlado čebulo in sezamovimi semeni.

## 75. Poširan losos v paradižnikovi česnovi juhi

Služi 4

**Sestavine**

- 8 strokov česna
- šalotka
- žličke ekstra deviškega oljčnega olja
- 5 zrelih paradižnikov
- 1 1/2 skodelice suhega belega vina
- 1 skodelica vode
- 8 vejic timijana 1/4 čajne žličke morske soli
- 1/4 čajne žličke svežega črnega popra
- 4 Copper River Sockeye Lososovi fileti belega tartufa (neobvezno)

**Navodila**

a) Olupite in grobo sesekljajte stroke česna in šalotko. V veliko posodo za dušenje ali ponev s pokrovom dajte oljčno olje, česen in šalotko. Znojite na srednje nizkem ognju, dokler se ne zmehča, približno 3 minute.

b) V ponev dajte paradižnik, vino, vodo, timijan, sol in poper ter zavrite. Ko zavre, zmanjšajte ogenj in pokrijte.
c) Kuhajte 25 minut, dokler paradižniki ne počijo in spustijo soka. Z leseno žlico ali lopatko zdrobite paradižnik v kašo. Odkrito dušimo še 5 minut, da se juha nekoliko zredči.
d) Medtem ko juha še vre, v juho položite lososa. Pokrijte in kuhajte le 5 do 6 minut, dokler se riba zlahka ne razkosmi. Ribo položimo na krožnik in odstavimo. V veliko skledo postavite cedilo in v cedilo nalijte preostalo juho. Precedite juho in zavrzite preostale trdne snovi. Juho poskusite in po potrebi dodajte sol in poper.
e) Enostaven maslen pire krompir ali celo pražen krompir je dobra stran tega obroka. Nato potresemo s prepraženimi šparglji in poširanim lososom.
f) Okoli lososa zalijemo s precejeno juho. Po želji dodajte kanček olja iz belega tartufa. Postrezite.

## 76. Poširan losos

**Sestavine**

- S majhni lososovi fileji, približno 6 unč

**Navodila**

a) dajte približno pol centimetra vode, jo pokrijte, segrejte vodo, da zavre, nato pa vanjo dajte pokrit file za štiri minute.
b) Lososu ali vodi dodajte poljubne začimbe.
c) Štiri minute pustijo sredico nekuhano in zelo sočno.
d) L et file nekoliko ohladimo in ga narežemo na centimeter in pol širok kos s.
e) Dodajte k solati, vključno s solato (katere koli vrste), dobrim paradižnikom, lepim zrelim avokadom, rdečo čebulo, krutoni in kakršnim koli okusnim prelivom.

## 77. Poširan losos z zeleno zeliščno salso

Obroki: 4 obroki

**Sestavine**

- 3 skodelice vode
- 4 vrečke zelenega čaja
- 2 velika fileja lososa (približno 350 gramov vsak)
- 4 žlice ekstra deviškega oljčnega olja
- 3 žlice limoninega soka, sveže iztisnjenega
- 2 žlici sveže sesekljanega peteršilja
- 2 žlici bazilike, sveže sesekljane
- 2 žlici sveže sesekljanega origana
- 2 žlici azijskega drobnjaka, sveže sesekljanega
- 2 žlički listov timijana
- 2 žlički česna, mletega

**navodila :**

a) V velikem loncu zavremo vodo. Dodajte vrečke zelenega čaja in nato odstranite z ognja.

b) Pustite, da se čajne vrečke namakajo 3 minute. Vzemite čajne vrečke iz lonca in zavrite vodo s čajem. Dodajte lososa in zmanjšajte ogenj.
c) Fileje lososa prašimo, dokler v srednjem delu ne postanejo neprozorni. Lososa kuhajte 5-8 minut ali dokler ni popolnoma kuhan.
d) Odstranite lososa iz lonca in ga odstavite.
e) V mešalnik ali predelovalec hrane stresite vsa sveže sesekljana zelišča, oljčno olje in limonin sok. Dobro premešajte, dokler se mešanica ne oblikuje v gladko pasto. Pasto začinite s soljo in poprom. Po potrebi lahko prilagodite začimbe.
f) Poširanega lososa postrezite na velikem krožniku in ga prelijte s pasto iz svežih zelišč.

## 78. Hladna solata iz poširanega lososa

Dobitek: 2 porciji

**Sestavine**

- 1 žlica Sesekljana zelena
- 1 žlica sesekljano korenje
- 2 žlici grobo sesekljane čebule
- 2 skodelici vodo
- 1 skodelica belo vino
- 1 lovorjev list
- 1½ čajne žličke sol
- 1 limona; razpolovite
- 2 vejici peteršilja
- 5 zrn črnega popra
- 9 unč na sredini prerezan lososov file
- 4 skodelice mlada špinača; očiščen
- 1 žlica limonin sok
- 1 čajna žlička Sesekljana limonina lupina
- 2 žlici sesekljan svež koper

- 2 žlici Sesekljan svež peteršilj
- ½ skodelice olivno olje
- 1½ čajne žličke sesekljane šalotke
- 1 sol; po okusu
- 1 sveže mleti črni poper; po okusu

**Navodila**

a) V plitko ponev damo zeleno, korenje, čebulo, vino, vodo, lovorov list, sol, limono, peteršilj in poper v zrnu. Zavremo, zmanjšamo ogenj in v vrelo tekočino previdno položimo koščke lososa, pokrijemo in pustimo vreti 4 minute. Medtem naredite marinado.

b) V skledi zmešajte limonin sok, lupinico, koper, peteršilj, olivno olje, šalotko, sol in poper. Marinado vlijemo v nereaktivno ponev ali posodo z ravnim dnom in ravno dovolj prostora za polaganje kuhanega lososa. Sedaj odstranite lososa iz ponve in ga položite v marinado. Pustite, da se ohladi 1 uro.

c) Špinačo prelijemo z malo marinade in jo začinimo s soljo in poprom ter razdelimo na dva servirna krožnika. Na špinačo z lopatko z režami položimo lososa.

## 79. Poširan losos z lepljivim rižem

Dobitek: 1 porcija

**Sestavine**

- 5 skodelic olivno olje
- 2 Glave ingverja; razbiti
- 1 Glava česna; razbiti
- 1 šopek kapestose; razrezan
- 4 Kosi lososa; (6 unč)
- 2 skodelici Japonski riž; na pari
- ¾ skodelice Mirin
- 2 kapestose; razrezan
- ½ skodelice Posušene češnje
- ½ skodelice Posušene borovnice
- 1 List nori; razpadla
- ½ skodelice Limonin sok
- ½ skodelice Ribji stalež
- ¼ skodelice Ledeno vino
- ¾ skodelice Olje grozdnih pešk

- ½ skodelice Na zraku sušena koruza

**Navodila**

a) V kozici segrejte olivno olje na 160 stopinj. Dodamo strt ingver, česen in mlado čebulo. Zmes odstavimo z ognja in pustimo stati 2 uri. Precedite.

b) Poparite riž in ga nato začinite z mirinom. Ko je ohlajena, vmešajte v ponvi narezano kapesato, posušeno. Olivno olje segrejte na 160 stopinj. Dodamo strt ingver, česen in mlado čebulo. Vzemite jagode in morske alge.

c) Za pripravo omake zavrite limonin sok, ribjo osnovo in ledeno vino. Odstranite z ognja in vmešajte olje grozdnih pešk. Začinimo s soljo in poprom.

d) Za poširanje rib segrejte olje za poširanje na približno 160 stopinj v globoki ponvi. Lososa začinite s soljo in poprom ter cel kos ribe nežno potopite v olje. Pustite, da se nežno poševna približno 5 minut ali do srednje redkega.

e) Medtem ko se riba peče, na krožnik položimo riževo solato in jo pokapljamo z limonino omako. Poširano ribo položite na riževo solato, ko je poširana.

## 80. Lososov file Citrus

Za 4 osebe

**Sestavine**

- ¾ kg fileja svežega lososa
- 2 žlici medu z okusom manuke ali medu
- 1 žlica sveže iztisnjenega limetinega soka
- 1 žlica sveže iztisnjenega pomarančnega soka
- ½ žlice limetine lupinice
- ½ žlice pomarančne lupinice
- ½ ščepca soli in popra
- ½ narezane limete
- ½ narezane pomaranče
- ½ pesti svežega timijana in mikro zelišč

**Navodila**

a) Uporabite približno 1,5 kg + file svežega kraljevega lososa, s kožo in brez kosti.

b) Dodajte pomarančo, limeto, med, sol, poper in lupinico – dobro premešajte
c) Pol ure pred kuhanjem file glaziramo s čopičem za pecivo in tekočimi citrusi.
d) Pomarančo in limeto narežemo na tanke rezine
e) Pečemo pri 190 stopinjah 30 minut, nato pa preverimo, morda bo potrebno še 5 minut, odvisno od tega, kako vam je losos ljubši.
f) Odstranite iz pečice in potresite s svežim timijanom in mikro zelišči

## 81. Lososova lazanja

Za 4 osebe

**Sestavine**

- 2/3 dela Mleko za poširanje
- 2/3 grama kuhanih listov lazanje
- 2/3 skodelice svežega kopra
- 2/3 skodelice graha
- 2/3 skodelice parmezana
- 2/3 kroglice mocarele
- 2/3 omaka
- 2/3 vrečke mlade špinače
- 2/3 skodelice smetane
- 2/3 čajne žličke muškatnega oreščka

**Navodila**

a) Najprej naredimo bešamel in špinačno omako ter poširamo lososa. Za bešamel v majhni kozici raztopimo maslo. Vmešamo moko in ob stalnem mešanju kuhamo nekaj minut, da se speni.

b) Postopoma dodajajte toplo mleko, ves čas mešajte, dokler omaka ni gladka. Ob stalnem mešanju naj rahlo vre, dokler se omaka ne zgosti. Po okusu začinimo s soljo in poprom.

c) Za pripravo špinačne omake špinačo obrežite in operite. Z vodo, ki se še drži listov, dajte špinačo v večjo ponev, pokrijte s pokrovom in rahlo dušite, dokler listi ne ovenejo.

d) Odcedite in iztisnite odvečno vodo. Špinačo prenesite v mešalnik ali kuhinjski robot, dodajte smetano in muškatni orešček. Premešajte, nato začinite s soljo in poprom.

e) Pečico segrejemo na 180 stopinj Celzija. Namastimo večji pekač. Lososa nežno poširajte v mleku, dokler ni ravno kuhan, nato pa ga narežite na dobre kose. Zavrzite mleko.

f) Dno pekača na tanko prekrijemo z 1 skodelico bešamela.

g) Prekrivajočo plast listov za lazanjo razporedite po omaki, nato namažite plast špinačne omake in čez to enakomerno položite polovico kosov lososa. Potresemo z nekaj sesekljanega kopra. Dodamo še eno plast lazanje, nato dodamo plast bešamela in to potresemo z grahom za grobo prekrivanje.

h) Ponovno ponovite plasti, torej lazanja, špinača in losos, koper, lazanja, bešamel in nato grah. Končajte z zadnjo plastjo lazanje, nato s tanko plastjo bešamela. Po vrhu potresemo nariban parmezan in koščke sveže mocarele.

i) Lazanjo pecite 30 minut ali dokler ni vroča

## 82. Teriyaki fileti lososa

Za 4 osebe

## Sestavine

- 140 gramov 2 x twin Regal 140 g porcije svežega lososa
- 1 skodelica(e) sladkorja v prahu
- 60 ml sojine omake
- 60 ml začimbe mirin
- 60 ml začimbe mirin
- 1 paket organskih rezancev udon

## Navodila

a) Marinirajte 4 x 140 g kosov svežega kraljevskega lososa, uporabite sladkor, sojino omako, mirin omako, vse 3 sestavine dobro premešajte in pustite na lososu 30 minut.

b) Zavremo vodo in dodamo organske rezance udon ter pustimo, da na hitro vrejo 10 minut.

c) Šalotko na tanko narežemo in odstavimo.

d) Dele lososovega fileja kuhajte v ponvi na srednji do visoki temperaturi 5 minut, nato jih obrnite z ene strani na drugo in jih prelijte z dodatno omako.

e) Ko so rezanci pripravljeni, jih razporedite po krožniku in na vrh položite lososa

## 83. Losos s hrustljavo kožico in prelivom iz kaper

Za 4 osebe

**Sestavine**

- 4 porcije svežega fileja novozelandskega lososa po 140 g
- 200 ml olivnega olja Premium
- 160 ml belega balzamičnega kisa
- 2 strta stroka česna
- 4 žlice sesekljanih kaper
- 4 žlice sesekljanega peteršilja
- 2 žlici sesekljanega kopra

**Navodila**

a) Fileje lososa premažite z 20 ml olivnega olja ter začinite s soljo in poprom.

b) Kuhajte na močnem ognju v ponvi s premazom proti prijemanju 5 minut, obračajte od zgoraj navzdol in od ene strani do druge.

c) Preostale sestavine dajte v skledo in stepite, to je vaš preliv, ko je losos pečen, z žlico prelijte preliv po fileju s kožo navzgor.

d) Postrezite s solato iz hruške, orehov, halumija in rukole

## 84. Lososov file s kaviarjem

Za 4 osebe

Sestavine

- 1 čajna žlička soli
- 1 rezine limete
- 10 olupljenih šalotk (čebule).
- 2 žlici sojinega olja (dodatno za ščetkanje)
- 250 gramov češnjevih paradižnikov, prepolovljenih
- 1 majhen zeleni čili, narezan na tanke rezine
- 4 žlice limetinega soka
- 3 žlice ribje omake
- 1 žlica sladkorja
- 1 pest koriandrovih vejic
- 1 1/2 kg svežega lososovega fileja s/on b/out

- 1 kozarec lososove ikre (kaviarja)
- 3/4 kumare olupljene, prepolovljene po dolgem, brez semen in na tanke rezine

**Navodila**

a) Pečico segrejte na 200 stopinj, vendar narezano kumaro v keramični skledi, posolite, 30 minut postavite na stran, da se kisa.

b) Šalotke damo v manjši pekač, dodamo sojino olje, dobro premešamo in postavimo v pečico za 30 minut, da postanejo mehke in dobro zapečene.

c) Vzamemo iz pečice in postavimo na stran, da se ohladi, medtem pa osoljene kumare dobro operemo, pod obilo mrzle tekoče vode, jih v pesti ožamemo in damo v skledo.

d) Žar pečice močno segrejemo, šalotko razpolovimo in dodamo kumari.

e) Dodajte paradižnik, čili, limetin sok, ribjo omako, sladkor, koriandrove vejice in sezamovo olje ter dobro premešajte.

f) Okusite - po potrebi prilagodite sladkost, s sladkorjem in limetinim sokom - odstavite.

g) Lososa položite na naoljen peki papir, vrh lososa premažite s sojinim oljem, začinite s soljo in poprom, postavite pod žar za 10 minut ali dokler ni ravno kuhan in rahlo porjavi.

h) Vzamemo iz pečice, potisnemo na krožnik, potresemo z mešanico paradižnika in kumar ter žlicami lososove ikre.

i) Postrezite z rezinami limete in rižem

## 85. Lososovi zrezki na žaru s sardoni

Dobitek: 4 porcije

**Sestavina**

- 4 Lososovi zrezki
- Vejice peteršilja
- Rezine limone ---inčunovo maslo-----
- 6 Fileti inčunov
- 2 žlici Mleko
- 6 žlic maslo
- 1 kapljica Tabasco omaka
- poper

**Navodila**

a) Žar predhodno segrejte na visoko temperaturo. Naoljite rešetko za žar in položite vsak zrezek, da zagotovite enakomerno segrevanje. Na vsak zrezek položite košček sardonovega masla (četrtino mešanice razdelite na štiri). Pečemo na žaru 4 minute.

b) Zrezke obrnemo z ribjo rezino in med zrezke položimo drugo četrtino masla. Pečemo na žaru na drugi strani 4 minute. Ogenj zmanjšamo in pustimo kuhati še 3 minute, če so zrezki tanki, manj.

c) Postrezite z lepo razporejenim koščkom sardonovega masla na vrhu vsakega zrezka.

d) Okrasite z vejicami peteršilja in rezinami limone.

e) Maslo s sardoni: vse fileje sardonov namočite v mleko. V skledi z leseno žlico pretlačite, da postane kremasto. Vse sestavine zmešajte skupaj in ohladite.

f) Služi 4.

## 86. B BQ losos na dimljenem žaru

Dobitek: 4 porcije

**Sestavina**

- 1 čajna žlička Naribana limetina lupinica
- ¼ skodelice Limetin sok
- 1 žlica Rastlinsko olje
- 1 čajna žlička Dijonska gorčica
- 1 ščepec poper
- 4 Lososovi zrezki, 1-palčni debeli [1-1/2 lb.]
- ⅓ skodelice Pražena sezamova semena

**Navodila**

a) V plitvi posodi zmešajte limetino lupinico in sok, olje, gorčico in poper; dodajte ribe in jih obrnite na plašč. Pokrijte in marinirajte pri sobni temperaturi 30 minut, občasno obrnite.

b) Rezervirajte marinado, odstranite ribe; potresemo s sezamovimi semeni.

Postavite na pomaščen žar neposredno na srednji ogenj. Dodamo namočene lesne sekance.

c) Pokrijte in kuhajte, obračajte in polijte z marinado do polovice, 16-20 minut ali dokler se riba zlahka ne razkosmi, ko jo preizkusite z vilicami.

## 87. Losos na oglju in črni fižol

Dobitek: 4 porcije

**Sestavina**

- ½ funta črni fižol; namočeno
- 1 majhna čebula; sesekljan
- 1 majhna korenček
- ½ Zelena rebra
- 2 unči šunka; sesekljan
- 2 Jalapeno paprike; pecljati in narezani na kocke
- 1 strok česna
- 1 lovorjev list; vezan skupaj z
- 3 Vejice timijana
- 5 skodelic voda
- 2 Stroki česna; mleto
- ½ čajne žličke Kosmiči pekoče paprike
- ½ limona; sok

- 1 limona; sok
- ⅓ skodelice olivno olje
- 2 žlici sveža bazilika; sesekljan
- 24 unč Lososovi zrezki

**Navodila**

a) V veliki ponvi zmešajte fižol, čebulo, korenje, zeleno, šunko, jalapenos, cel strok česna, lovorjev list s timijanom in vodo. Kuhajte, dokler se fižol ne zmehča, približno 2 uri, po potrebi dodajte več vode, da bo fižol pokrit.

b) Odstranimo korenček, zeleno, zelišča in česen ter odlijemo preostalo tekočino od kuhanja. Fižol potresemo s sesekljanim česnom, feferoni in sokom ½ limone. Odložite.

c) Medtem ko se fižol kuha, zmešajte sok cele limone, olivno olje in liste bazilike. Prelijemo čez zrezke lososa in postavimo v hladilnik za 1 uro. Lososa pecite na zmerno močnem ognju 4-5 minut na vsako stran in ga vsako minuto polijte z

nekaj marinade. Vsak zrezek postrezite
s porcijo fižola.

## 88. Aljaški losos na žaru na petardah

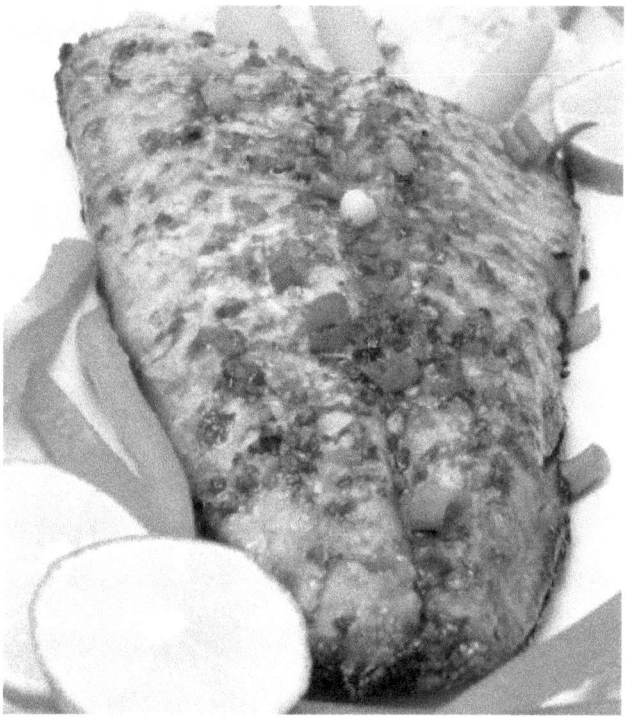

Dobitek: 4 porcije

**Sestavina**

- 4 6 oz. lososovi zrezki
- ¼ skodelice Arašidovo olje
- 2 žlici sojina omaka
- 2 žlici Balzamični kis
- 2 žlici Sesekljane čebulice
- 1½ čajne žličke Rjavi sladkor
- 1 Strok česna, mleto
- ¾ čajne žličke Naribana sveža korenina ingverja
- ½ čajne žličke Rdeči čili kosmiči ali več do
- Okusite
- ½ čajne žličke Sezamovo olje
- ⅛ čajne žličke Sol

**Navodila**

a) Lososove zrezke položimo v stekleno posodo. Preostale sestavine stepemo in prelijemo čez lososa.

b) Pokrijte s plastično folijo in marinirajte v hladilniku 4 do 6 ur. Segrejte žar. Lososa vzamemo iz marinade, rešetko premažemo z oljem in nanjo položimo lososa.

c) Pecite na žaru na zmernem ognju 10 minut na palec debeline, merjeno na najdebelejšem delu, obrnite na polovici pečenja ali dokler se riba pri preizkušanju z vilicami le ne lušči.

## 89. Flash losos na žaru

Dobitek: 1 porcija

**Sestavina**

- 3 unče Losos
- 1 žlica olivno olje
- ½ limona; sok iz
- 1 čajna žlička drobnjak
- 1 čajna žlička peteršilj
- 1 čajna žlička Sveže mlet poper
- 1 žlica sojina omaka
- 1 žlica Javorjev sirup
- 4 Jajčni rumenjaki
- ¼ pinta Ribji stalež
- ¼ pinta Belo vino
- 125 mililitrov Dvojna krema
- drobnjak
- peteršilj

**Navodila**

a) Lososa narežite na tanke rezine in ga za 10-20 minut položite v posodo z oljčnim oljem, javorjevim sirupom, sojino omako, poprom in limoninim sokom.

b) Sabayon: Jajca stepemo nad toplo vodo. Reducirajte belo vino in ribjo osnovo v ponvi. Zmes dodamo beljakom in stepamo. Dodajte smetano, še vedno stepajte.

c) Tanke rezine lososa položite na servirni krožnik in jih pokapajte z malo sabajona. Postavite pod žar le za 2-3 minute.

d) Odstranite in takoj postrezite z drobnjakom in peteršiljem.

90. Testenine z lososom in lignji na žaru

Dobitek: 1 porcija

**Sestavina**

- 4 200 g; (7-8oz) kosov lososov file
- Sol in poper
- 20 mililitrov rastlinsko olje; (3/4oz)
- Oljčno olje za cvrtje
- 3 Drobno sesekljani stroki česna
- 3 Drobno sesekljan paradižnik
- 1 Drobno sesekljana mlada čebula
- Začimba
- 1 brokoli

**Navodila**

a) Testenine: vrečke lignjevega črnila lahko kupite v dobri ribarnici ... ali uporabite svoje najljubše testenine

b) Pečico segrejte na 240°C/475°F/plinska oznaka 9.

c) Kose lososovega fileja posolimo in popopramo. Segrejte ponev proti prijemanju, nato dodajte olje. V ponev dajte lososa in ga na vsaki strani pecite 30 sekund.

d) Ribo prestavimo v pekač, nato pa jo pečemo 6-8 minut, dokler se riba ne razkosmi, vendar je v sredini še vedno rahlo rožnata. Pustite počivati 2 minuti.

e) Ribo prestavimo na tople krožnike in z žlico prelijemo omako.

f) Brokoli s testeninami kuhamo približno 5 minut.

g) V ponev vlijemo nekaj olja, dodamo česen, paradižnik in mlado čebulo. Na majhnem ognju pražimo 5 minut, zadnji trenutek dodamo brokoli.

91. Losos s pečeno čebulo

## ZA 8 DO 10 PORCIJ

**Sestavine**

- 2 skodelici lesnih sekancev, namočenih v vodi
- 1 velik bočno gojen norveški losos (približno 3 funte), odstranjene kosti
- 3 skodelice slanice za dimljenje, narejene z vodko
- ¾ skodelice Smoking Rub
- 1 žlica posušenega plevela kopra
- 1 čajna žlička čebule v prahu
- 2 veliki rdeči čebuli, narezani na centimeter debele kolobarje
- ¾ skodelice ekstra deviškega oljčnega olja 1 šopek svežega kopra
- Drobno naribana lupinica 1 limone 1 strok česna, zdrobljena
- Groba sol in mleti črni poper

**Navodila**

a) Lososa dajte v veliko (2-galonsko) vrečko z zadrgo. Če imate samo 1-galonske vrečke, ribo prerežite na pol in uporabite dve vrečki. Dodajte slanico v vrečko(e), iztisnite zrak in zaprite. Hladimo 3 do 4 ure.

b) Zmešajte vse, razen 1 žlice naribanega, s posušenim koprom in čebulo v prahu ter pustite na strani. Rezine čebule namočite v ledeno vodo. Z dimom segrejte žar na posredno nizko temperaturo, približno 225iF. Odcedimo sekance in jih dodamo na žar.

c) Odstranite lososa iz slanice in ga posušite s papirnatimi brisačami. Slanico zavrzite. Ribo premažemo z 1 žlico olja in potresemo mesnato stran z naribanim koprom.

d) Čebulo vzemite iz ledene vode in jo posušite. Premažemo z 1 žlico olja in potresemo s preostalo 1 žlico rublja. Ribe in čebulo odstavimo, da počivajo 15 minut.

e) Rešetko žara skrtačimo in dobro namažemo z oljem. Lososa z mesom navzdol položite neposredno na ogenj in pecite na žaru 5 minut, dokler površina ne postane zlato rjava. Z veliko lopatko za ribe ali dvema običajnima lopaticama obrnite ribo s kožo navzdol in jo položite na rešetko žara stran od ognja. Rezine čebule postavite neposredno nad ogenj.

f) Zaprite žar in pecite, dokler losos na zunaj ni čvrst, vendar ne suh, in prožen v sredini, približno 25 minut. Ko je končano, bo vlaga ob nežnem pritisku na površino stekla skozi površino. Pod pritiskom se ne sme popolnoma luščiti.

g) Med kuhanjem čebulo enkrat obrnite.

h)

## 92. Cedar plank losos

Služi: 6

**Sestavine**

- 1 neobdelana cedrova deska (približno 14" x 17" x 1/2")
- 1/2 skodelice italijanskega preliva
- 1/4 skodelice narezanih posušenih paradižnikov
- 1/4 skodelice sesekljane sveže bazilike
- 1 (2 - funta) file lososa (1-palčni debel) brez kože

**Navodila**

a) Cedrovo desko popolnoma potopite v vodo in nanjo položite utež, da ostane popolnoma pokrita. Namakajte vsaj 1 uro.
b) Žar segrejte na srednjo - visoko temperaturo.
c) V majhni skledi zmešajte preliv, sušene paradižnike in baziliko; na stran.
d) Odstranite desko iz vode. Postavite lososa na desko; postavite na žar in zaprite pokrov. Pecite na žaru 10 minut,

nato pa lososa premažite z mešanico preliva. Zaprite pokrov in pecite na žaru še 10 minut ali dokler se losos z vilicami zlahka ne razkosmi.

## 93. Dimljen česnov losos

Služi 4

**Sestavine**

- 1 1/2 lbs. lososov file
- sol in poper po okusu 3 stroki česna, mleto
- 1 vejica svežega kopra, sesekljane 5 rezin limone
- 5 vejic svežega plevela kopra
- 2 zeleni čebuli, sesekljani

**Navodila**

a) Pripravite kadilnico na 250°F.
b) Dva velika kosa aluminijaste folije popršite s pršilom za kuhanje.
c) Na en kos folije položite file lososa. Lososa potresemo s soljo, poprom, česnom in sesekljanim kopром. Na file razporedite rezine limone in na vsako rezino limone položite vejico kopra. File potresemo z zeleno čebulo.
d) Kadite približno 45 minut.

## 94. Losos na žaru s svežimi breskvami

Obroki: 6 obrokov

**Sestavine**

- 6 filejev lososa, debeline 1 cm
- 1 velika pločevinka narezanih breskev, lahka različica sirupa
- 2 žlici belega sladkorja
- 2 žlici svetle sojine omake
- 2 žlici dijonske gorčice
- 2 žlici nesoljenega masla
- 1 1-palčni svež svež ingver, nariban
- 1 žlica oljčnega olja, ekstra deviško
- Sol in poper po okusu
- Sveže sesekljan cilantro

**navodila :**

a) Narezane breskve odcedimo in prihranimo približno 2 žlici svetlega sirupa. Breskve narežemo na grižljaj velike koščke.

b) Lososove fileje položite v velik pekač.

c) V srednje veliko ponev dodajte prihranjen breskov sirup, beli sladkor, sojino omako, dijonsko gorčico, maslo, olivno olje in ingver. Nadaljujte z mešanjem na majhnem ognju, dokler se zmes nekoliko ne zgosti. Solimo in popramo po okusu.

d) Ugasnite ogenj in s čopičem za brizganje velikodušno namažite nekaj mešanice v fileje lososa.

e) V ponev dodamo narezane breskve in jih dobro premažemo z glazuro. Glazirane breskve prelijemo po lososu in enakomerno porazdelimo.

f) Lososa pecite približno 10-15 minut na 420 F. Pazljivo pazimo na lososa, da se jed ne zažge.

g) Pred serviranjem potresemo nekaj sveže sesekljanega cilantra.

## 95. Dimljen losos in kremni sir na toastu

Obroki: 5 obrokov

**Sestavine**

- 8 rezin francoske bagete ali rženega kruha
- ½ skodelice kremnega sira, zmehčanega
- 2 žlici bele čebule, narezane na tanke rezine
- 1 skodelica dimljenega lososa, narezanega
- ¼ skodelice masla, nesoljene sorte
- ½ čajne žličke italijanske začimbe
- Listi kopra, drobno sesekljani
- Sol in poper po okusu

**navodila :**

a) V manjši ponvi stopimo maslo in postopoma dodajamo italijanske začimbe. Zmes namažite na rezine kruha.

b) Pražite jih nekaj minut z opekačem za kruh.

c) Popečene kruhke namažite s kremnim sirom. Nato potresemo z dimljenim lososom in tankimi rezinami rdeče čebule. Postopek ponavljamo, dokler ne porabimo vseh popečenih rezin kruha.

d) Prestavimo na servirni krožnik in po vrhu okrasimo drobno sesekljane liste kopra.

## 96. Solata z ingverjevim lososom na žaru

Dobitek: 4 porcije

**Sestavina s**

- ¼ skodelice Nemasten navadni jogurt
- 2 žlici Drobno sesekljan svež ingver
- 2 Strok česna, drobno sesekljan
- 2 žlici Svež limetin sok
- 1 žlica Sveže naribana limetina lupinica
- 1 žlica srček
- 1 žlica Canola olje
- ½ čajne žličke Sol
- ½ čajne žličke Sveže mleti črni poper
- 1¼ funtov File lososa, debel 1 cm, razrezan na 4 kose, s kožo, z odstranjenimi kostmi
- Solata z vodno krešo in vloženim ingverjem
- Rezine limete za okras

**navodila :**

a) V manjši posodi zmešajte jogurt, ingver, česen, limetin sok, limetino lupinico, med, olje, sol in poper.

b) Lososa položite v plitvo stekleno posodo in ga prelijte z marinado ter obrnite lososa, da se obloži z vseh strani. Pokrijte in marinirajte v hladilniku 20 do 30 minut, pri tem pa enkrat ali dvakrat obrnite.

c) Medtem pripravite ogenj na oglje ali segrejte plinski žar. (Ne uporabljajte ponve za žar; losos se bo prijel.) 3. S čopičem za žar z dolgim ročajem premažite rešetko za žar z oljem.

d) Lososa s kožo navzgor položite na žar. Kuhajte 5 minut. Z 2 kovinskima lopaticama previdno obrnite kose lososa in kuhajte, dokler sredina ne postane neprozorna, 4 do 6 minut dlje. Z 2 lopatkama odstranite lososa z žara. Zdrsi s kože.

e) Solato z vodno krešo prelijemo s prelivom in razdelimo na 4 krožnike. Na vrh položite kos lososa na žaru. Okrasite z rezinami limete. Postrezite takoj.

## 97. Losos na žaru s koromačevo solato

Dobitek: 2 porciji

**Sestavina**

- 2 140 g lososovih filejev
- 1 Čebulica komarčka; drobno narezan
- ½ hruške; drobno narezan
- Nekaj kosov orehov
- 1 ščepec Zdrobljeno seme kardamoma
- 1 Oranžna; segmentiran, sok
- 1 šopek koriander; sesekljan
- 50 gramov Light fromage frais
- 1 Ščepci cimeta v prahu
- Kamena sol v kosmičih in mleti črni poper

**navodila :**

a) Lososa začinimo s soljo in poprom ter spečemo pod žarom.

b) Hruško zmešajte s koromačem in začinite z obilo črnega popra, kardamoma in orehov.

c) Pomarančni sok in lupino zmešajte s pomarančo in dodajte malo cimeta. Na sredino krožnika položimo kupček koromača in nanj navežemo lososa. Zunanjost krožnika okrasite z rezini pomaranč in pokapljajte s pomarančnimi kosmiči.

d) Komarček zmanjšuje učinke toksinov alkohola v telesu in je dobra prebavila.

98. Losos na žaru s krompirjem in
    vodno krešo

Dobitek: 6 obrokov

**Sestavina**

- 3 funte Majhna rdeča tanka koža
- Krompir
- 1 skodelica Na tanko narezana rdeča čebula
- 1 skodelica Začinjen rižev kis
- Približno 1/2 funta vodne kreše
- Oplaknjeno in hrustljavo
- 1 Lososov file, približno 2 lbs.
- 1 žlica sojina omaka
- 1 žlica Trdno pakiran rjavi sladkor
- 2 skodelici Lesni sekanci jelše ali mesquite
- Namočeno v vodi
- Sol

**navodila :**

a) V 5- do 6-litrski ponvi zavrite približno 2 litra vode na močnem ognju; dodajte krompir. Pokrijte in dušite na majhnem ognju, dokler se krompir ne zmehča, ko ga preluknjate, 15 do 20 minut. Odcedite in ohladite.

b) Čebulo približno 15 minut namakamo v hladni vodi, da je pokrita. Odcedimo in čebulo zmešamo z riževim kisom. Krompir narežemo na četrtine; dodamo k čebuli.

c) Nežne vejice vodne kreše odrežite s stebel, nato pa drobno sesekljajte toliko stebel, da dobite ½ skodelice (odvečne količine zavrzite ali shranite za druge namene). Na velikem ovalnem krožniku zmešajte sesekljana stebla s krompirjevo solato; pokrijte in hranite na hladnem. Lososa operemo in osušimo. Položite s kožo navzdol na kos debele folije. Odrežite folijo tako, da bo sledila obrisom rib, tako da pustite 1-palčni rob.

d) Zavihajte robove folije, da se prilegajo robu ribe. Sojino omako zmešajte z rjavim sladkorjem in s čopičem premažite lososov file.

e) Ribe položite na sredino žara, ne na premog ali plamen. Žar pokrijte (odprite odprtine za oglje) in kuhajte, dokler riba v najdebelejšem delu komajda postane neprozorna (prerežite za preizkus), 15 do 20 minut. Prenesite ribe na krožnik s solato. Solimo po okusu. Postrežemo toplo ali hladno.

# MEČARICA

## 99. Mandarinska sezamova mečarica

Služi: 4

**Sestavina**

- 1/2 skodelice svežega pomarančnega soka
- 2 žlici sojine omake
- 2 žlički sezamovega olja
- 2 žlički naribanega svežega ingverja
- 4 (6 - unč) zrezki mečarice
- 1 (11 - unča) pločevinka odcejenih mandarin
- 1 žlica sezamovih semen, opečenih

**Navodila**

a) V veliki plastični vrečki za shranjevanje, ki jo je mogoče ponovno zapreti, zmešajte pomarančni sok, sojino omako, sezamovo olje in ingver; dodamo ribe, zapremo vrečko in mariniramo v hladilniku 30 minut. Odstranite ribe iz marinade, prihranite marinado.
b) Žar segrejte na srednjo - visoko temperaturo.
c) Ribe položite na naoljeno rešetko za žar. Ribo pecite na žaru 6 do 7 minut na vsako stran ali dokler se zlahka ne razkosmi z vilicami.
d) Medtem dajte rezervirano marinado v ponev in zavrite na močnem ognju.

Pustite vreti, dokler se ne zmanjša in zgosti. Dodamo mandarine in prelijemo čez mečarice.
e) Potresemo s sezamom in postrežemo.

## 100. Začinjeni zrezki mečarice

## Sestavina

- 4 (4 oz.) zrezki mečarice
- 1/4 čajne žličke cayenne, timijana in origana
- 2 žlici paprike
- 2 žlici margarine ali masla (stopljenega)
- 1/2 čajne žličke soli, popra, čebule in česna v prahu

## Navodila

a) Za predjed zrezke mečarice narežemo na majhne trakove. Za obrok pustite zrezke mečarice cele. Zmešajte vse letne čase. Ribe potopite v stopljeno maslo. Obe strani premažemo z začimbami. Postavite na žar.

b) Kuhajte približno 4 minute; obrnite in kuhajte še približno 4 minute ali dokler riba ni čvrsta in se lušči. Za 4 porcije.

## ZAKLJUČEK

Morski sadeži so ena izmed živil, s katerimi se zelo trguje, ki zagotavljajo bistveno lokalno hrano in imajo pomemben delež v gospodarstvu mnogih držav. Ribe in školjke sta dva glavna razreda rib, ki vključuje belo ribo, ribe, bogate z oljem, mehkužce in rake.

Morski sadeži veljajo za odličen vir različnih hranilnih snovi, kot so beljakovine, zdrave maščobe (polinenasičene maščobne kisline, zlasti omega-3 in omega-6), jod, vitamin D, kalcij itd. in te spojine imajo preventivne učinke pri številnih boleznih srca in avtoimunskih motnjah.